청소년 자살과 자해예방 전문가지침서

Teen Suicide & Self-Harm Prevention Workbook
: A ClinicianGuide to Assist Teen Clients

Ester R.A. Leutenberg, John J. Liptak, EdD. 저
육성필 역

박영story

이 책을 자살로 사망한 미첼 로이텐버그(Mitchell A. Leutenberg, 1956~1986)에게 바친다.
그가 남긴 다음과 같은 말들은 매일의 정신질환과의 힘겨운 투쟁에 대해 알게 한다.

"정신건강은 신체적인 행복보다 더 가치 있다.
평화롭지 못한 상태에서는 정신건강보다 소중한 것이 없다."

이 지침서의 목적은 임상전문가가 내담자들의 삶에서 평화를 찾도록
안내하는 것을 돕는 것이다.

서 문

코로나19로 인해 정상적인 학교생활이 가능하지 않은 요즈음의 십대청소년을 보면 안쓰러운 마음이 앞선다. 학교 내외로 어수선한 속에서도 십대청소년들은 자신들이 해야 할 일들을 해나가야 한다. 그럼에도 불구하고 대부분의 십대청소년은 그런대로 하루하루를 보내고 있는 것 같다. 하지만 우리나라의 십대청소년은 자살이 사망원인의 1위이며, 만연하고 있는 자해행동 등으로 인해 관심의 대상이 되고 있다.

정부와 전문가는 지금까지 위기에 처한 십대청소년을 도와주기 위해 다양한 제도와 시스템을 구축하고 청소년상담, 위클래스상담, 문자상담 등의 다양한 상담서비스를 개발하고 현장에 적용하고 있다. 하지만 우리 사회에서 십대청소년들이 경험하고 있는 어려움은 여전히 존재하고 있는 상태이다.

십대청소년의 자살과 자해 문제를 정확하게 이해하고 가장 적절하면서 전문적인 도움이 제공되어야 지금보다 상황이 나아질 것이다. 십대청소년들이 나타내는 자살과 자해에 대한 정확한 이해를 기반으로 전문적인 도움을 제공할 수 있다면 실질적인 도움이 될 것이다.

이 책은 십대청소년들이 나타내는 자살과 자해의 특성을 정확하게 이해하고 이를 바탕으로 자살과 자해의 위기에 처한 십대청소년에게 가장 효과적이고 전문적인 도움을 제공할 수 있는 내용으로 구성되어 있다. 자살과 자해의 이해, 경고신호, 위험요인, 예방, 지지를 주제로 하여 전체 회기를 구성하였다. 특히 회기별로 다루어야 하는 주제와 구체적인 활동, 활동기록지의 사용과 피드백 등에 대해 매우 상세히 설명하고 있어 전문가들에게 많은 도움이 될 것이다.

날로 치열해지고 경쟁이 심화되는 현대의 삶 속에서 좌절과 실패를 경험할 때 이에 압도되고 굴복하여 자살이나 자해행동을 하기보다는 힘들게 하는 위기에 적절하게 대처할 수 있도록 도와주는 것이 전문가의 역할이라고 할 수 있다. 자살과 자해위기의 십대청소년들에게 전문적인 심리상담을 제공해야 하는 전문가들이 이 책의 내용을 효과적으로 사용하여 전문성이 향상되고 이를 통해 위기에 처한 십대청소년들에게 많은 도움이 되었으면 한다.

『청소년 자살과 자해예방 전문가지침서』의 출판이 가능하도록 많은 도움을 주신 피와이메이트의 노현 대표님과 바쁘고 일이 과중함에도 불구하고 세심한 주의를 기울여 꼼꼼하게 검토해주신 최은혜 선생님께도 진심으로 감사한다.

2021. 4.

육 성 필

차 례

서 론

01 자 해

02 경고신호

03 위험요인

04 예 방

05 지 지

06 전문가와 참가자를 위한 지지자원

청소년 자살과 자해예방 전문가지침서

서 론

서 론

십대청소년의 자살과 자해에 대하여

Diagnostic and Statistical Manual of Mental Disorders, Volume V(DSM-V)

자살행동(죽음 및 시도)은 일반적으로 정신과적 상태, 가장 흔하게는 기분 장애의 합병증으로 나타납니다. 조현병, 약물사용 장애(특히 알코올 사용), 성격 및 불안 장애 등에서도 발생합니다. 자살을 시도하는 사람들의 약 10%는 확인된 정신질환이 없는 것으로 밝혀졌습니다. 그러나 현재의 명명법은 자살 행동을 주요 우울증 삽화 또는 경계선 성격 장애의 증상으로 간주하고 있습니다.

비자살적 자해(NSSI)는 자살의도 없이 사회적으로 승인되지 않은 목적으로 신체 조직을 고의적이고 자발적으로 파괴하는 것으로 정의되며 피부 자르기, 태우는 것, 물어뜯고 긁는 것과 같은 행동을 포함합니다.

청소년 자살과 자해예방 전문가지침서는 십대청소년들이 자해 및 자살 생각을 하게 할 수 있는 많은 특성을 다루기 위한 사전 예방적 수단입니다. 본 지침서의 목적은 서로 의지하여 내담자가 자해 및 자살과 관련된 생각, 감정, 행동을 관리하는 데 도움이 되는 정보와 도구를 제공하는 것입니다.

자살 및 자해에 관한 정의

사고로 인한 죽음(Accidental Death): 사고의 결과로 발생하는 모든 죽음. 죽음은 의도되지 않은 것(자살), 예상 또는 예측할 수 없는(질병) 경우에만 우발적인 것으로 간주한다.

자살로 인한 죽음(Die by Suicide): 이 용어는 현재 자살과 관련된 낙인이 찍히게 하는 자살시도라는 말보다는 스스로 목숨을 앗아가거나 자신의 생명을 끝내는 것을 나타내기 위해 사용된다. 자살로 죽은 사람은 잘못을 했거나 범죄를 저지르지 않았다. 물론 일부 종교/문화가 다르게 가르칠 수도 있지만, 우리는 자살로 죽은 사람이 잘못을 했거나 범죄를 저지르지 않았다고 믿는다. 자살은 흔히 참을 수 없는 외상이나 스트레스로 인해 발생하거나 정신 질환의 산물이다. 이 지침서의 저자인 우리는 자살로 인한 죽음이라는 용어를 선호한다.

식이 자해(Dietary Self-Harm): 자해 또는 죽음을 유도하기 위해 음식을 제한하는 행위이다. 예를 들어, 의도적인 죽음을 초래할 수 있는 당뇨병을 유발할 수 있는 음식을 섭취하는 것이다.

자해(Self-Harm): 자살 의도 없이 의도적으로 자신의 신체에 직접적인 상처를 입히거나 괴로움을 가하는 것이다. 자르기, 자기-손상, 자기-절단과 같은 단어들도 자해행동을 설명하는 것에 사용된다.

자살하기 위해 자신에게 가하는 폭력(Suicidal Self-Directed Violence): 이런 행동은 자기지향적이고 의도적으로 스스로 부상당할 가능성을 초래한다. 이런 행동은 암묵적이든 명시적이든 자살 의도가 있다는 증거가 있다. 이 행동에는 자살로 인한 죽음과 자살 시도가 포함된다.

자살 시도(Suicide Attempt): 자살 시도는 개인이 죽을 의도와 함께 잠재적으로 해로울 수 있는 행동을 할 때 발생하지만 그 부상은 죽음을 초래하지 않는다.

자살 생각(Suicide Ideation): 자살 생각은 개인이 자살 생각을 하거나, 목소리를 듣거나, 자살 계획을 준비할 때 발생한다.

자해에 대한 오해

자해를 객관적인 사고방식에서 바라보는 것이 중요합니다. 다음은 자해라는 주제를 둘러싸고 있는 몇 가지 잘못된 생각과 오해입니다.

오직 성인들만 자해를 한다.

모든 연령대의 사람들이 자해를 한다. 자해는 특별히 자살 시도를 의미하지는 않는다. 분노, 좌절, 상실, 슬픔 등 정서적 고통에 대처하기 위한 건강하지 못한 시도이다.

자해하는 십대청소년들은 자해행동에 대해 개방적이다.

십대청소년들 대부분은 자해를 비밀로 한다.

십대청소년들의 경우 자해는 드문 행동이고 단지 한두 번 정도만 한다.

어떤 사람들은 한두 번 자해를 했다가 멈출 수도 있다. 그러나 많은 십대청소년들이 자해를 자주 하고 장기적이고 지속적인 행동이 되고 습관이 될 수 있다.

자기 손상행동을 하는 십대청소년들은 오로지 절단행동만 한다.

자기 손상을 하는 십대청소년들은 날카로운 물체로 자르거나 긁거나 자신을 때리거나 치거나, 피부에 무언가를 새기거나 피어싱하거나 머리카락을 뽑거나 화상을 입힌다. 또한, 끊임없이 자신에게 해를 입히는 십대청소년들의 경우 싸움에 끼어들거나, 무모하게 운전하거나, 물질 남용 등 자신을 위험한 상태에 처하게 한다.

정신 질환이 있는 십대청소년만 자해를 생각한다.

자해행동을 한 십대청소년 모두가 정신 질환을 앓는 것은 아니지만 감정적, 신체적 또는 사회적 문제로 인해 참을 수 없는 감정을 나타내 극단적인 신체적 반응을 유발할 수 있다.

자해를 하는 십대청소년들은 기꺼이 다른 사람들과 자해에 대해 이야기할 것이다.

일반적으로 자해행동을 하는 십대청소년들은 자신의 행동을 다른 사람에게 공개하지 않는다. 자해를 생각하거나 행동하는 사람은 자신이 신뢰하는 사람, 즉 상담자, 친구, 가족 구성원, 정신적 또는 종교적 지도자 등과의 대화가 중요하다.

자해는 그 사람을 오랫동안 진정시킨다.

실제로, 자해행동을 한 사람은 일반적으로 죄책감, 수치심 및 다른 고통스러운 감정을 느낀다.

자해로 인한 실질적인 피해는 없다.

자해행동으로 인해 심각하거나 치명적인 결과가 발생할 가능성이 크다.

십대청소년은 관심을 끌기 위해 자해를 한다.

자해하는 십대청소년들이 관심을 끌기 위해 자해행동을 하는 것으로 여겨서는 안 된다. 십대청소년들이 자해하는 이유는 많다. 즉, 정서적으로 무감각해질 때, 스스로 생생함을 느끼도록 하기 위해서, 정서적 고통에서 벗어나기 위해서, 자신을 벌하기 위해서 또는 자기 자신을 흉하게 만들기 위해서 등의 이유로 자해행동을 한다.

비록 위에 기술한 것들은 자해에 대한 잘못된 생각과 오해의 몇 가지에 불과하지만, 자해하는 사람들에 대해 널리 퍼져 있는 사고방식에 대한 약간의 이해를 제공할 것입니다. 개인들이 신뢰할 수 있는 사람에게 전화하고, 정신건강전문가 또는 의료 전문가를 만나고, 긍정적인 지원 시스템을 찾고, 지역 또는 국가 자원과 핫라인을 사용하도록 권장합니다.

자살에 대한 오해

객관적인 사고방식으로 자살을 보는 것이 중요합니다. 아래에는 자살주제를 둘러싼 잘못된 신념과 오해의 일부가 제시되어 있습니다.

대부분의 십대청소년들은 아무런 경고 없이 자살로 죽는다.

자살하는 많은 십대청소년들은 정신 건강 문제, 외상, 부적응 행동의 오랜 과거력을 가지고 있다. 게다가 자살로 죽는 대부분의 사람들은 유언장을 만들거나 소지품을 나눠주거나 무모한 행동을 하거나 자기고립과 같은 경고신호를 나타낸다.

자살에 대해 이야기하는 십대청소년들은 관심을 끌기 위해 노력하는 것이고 실제로는 자살하지 않는다.

대부분의 자살하는 십대청소년들은 관심을 추구하지 않고, 공감받기를 원한다. 십대청소년들은 사람들로부터 자신들이 어떻게 느끼는지 이해받기를 원한다.

일단 누군가 자살로 죽기로 결정했다면, 아무도 그들을 막을 수 없다. 그들은 단지 죽기만을 원한다.

대부분의 자살하려는 사람들은 종종 자신들의 결정에 대해 양가감정을 가지고 있어서 죽고 싶어 하기도 하고, 살고 싶어 하기도 한다. 대부분의 자살하려는 사람은 죽음을 원하지 않고 고통을 멈추기를 원한다. 효과적인 지원 시스템과 예방 도구 및 기술을 사용한다면 자살위기에 있는 사람들은 도움을 받고 위기에서 벗어날 수 있다.

자살을 시도했던 사람은 나중에 다시 시도하지 않을 것이다.

자살을 시도한 사람들은 자살을 다시 시도할 가능성이 높다. 따라서 자살 위기의 징후를 경고하는 전문적인 도움과 안정적인 지원 시스템이 필요하다.

오직 정신질환이 있는 십대청소년만 자살을 고려한다.

자살로 죽은 모든 사람들이 죽을 당시 정신건강 문제가 있는 것은 아니다. 그러나 많은 사람들은 그렇다.

십대청소년들이 자살 시도에서 살아남았다면, 그들은 심각하지 않다는 것이다.

자해를 포함한 모든 시도는 자신의 삶을 끝내려는 심각한 시도로 간주되어야 한다.

누군가와 자살에 대해 이야기하면 오히려 그 사람에게 자살을 생각하게 하거나 상황을 악화시킬 수 있다.

신뢰할 수 있는 사람과 자살에 대해 이야기하는 것은 사람들을 돕는 가장 효과적인 수단 중 하나일 수 있다. 과거에 자살에 대해 생각하지 않았다면, 자살에 대해 질문한다고 해서 그 사람이 자살로 죽을 생각을 하지는 않을 것이다. 자살하려는 많은 사람들은 자신의 감정과 의도에 대해 물었을 때 진심으로 안심한다. 자살에 대해 이야기하는 것이 자살 사람들이 살기 위한 선택을 하도록 돕는 첫 번째 단계일 수 있다.

위의 내용은 자살에 대한 잘못된 신념과 오해 중 일부일 뿐이지만, 사회에 널리 퍼져있는 자살과 관련된 비이성적 사고에 대한 이해를 제공합니다. 이런 잘못된 신념과 오해는 자살을 시도한 사람이 도움을 얻고, 전반적인 행복을 증진시키며, 삶에 대한 긍정적인 전망을 발전시키려는 시도를 방해합니다. 개인에게 신뢰할 수 있는 사람에게 전화하고, 정신건강전문가 또는 의료 전문가를 만나고, 긍정적인 지원 시스템을 찾고, 지역 또는 국가 자원과 핫라인을 사용하도록 권장합니다.

자해방법

십대청소년은 …… 할 수 있다.

- 물질을 남용한다.
- 멍이 들거나 피가 날 정도로 물체에 부딪히거나 주먹질을 한다.
- 거식증 또는 폭식증이 있다.
- 피가 나거나 피부에 흔적이 남을 정도로 자신의 몸을 깨문다.
- 자신의 뼈를 부러뜨린다.
- 손목, 손, 팔, 다리, 몸통 또는 신체의 다른 부위에 화상을 입힌다.
- 단어나 기호를 피부에 새긴다.
- 손목, 팔, 다리 또는 신체의 다른 부위를 자른다.
- 잠을 자지 않는다.
- 피부에 산성 물질을 뿌린다.
- 자해를 위해 무모한 행동에 참여한다.
- 건강하지 않은 방법으로 과도하게 운동한다.
- 독성 물질을 섭취한다.
- 날카로운 물체를 삼킨다.
- 다칠 목적으로 싸움한다.
- 상처의 치료를 막는다.
- 멍이 들거나 피가 날 정도로 자신을 때린다.
- 피부를 물어뜯거나 떼어낸다.

- 손톱 혹은 다른 물체로 긁거나 꼬집어 출혈이 생기거나 피부에 자국이 남는다.
- 유리, 바늘, 핀, 스테이플과 같은 날카로운 물체를 피부 안 또는 아래에 박는다.
- 다칠 목적으로 공격적인 활동에 참여한다.

자살 위험요인

여러 가지 개인적, 생물학적, 사회적, 관계적 및 환경적 요인이 자해 또는 자살 시도의 위험요인이 됩니다. 이런 요인들 각각이 자해나 자살에 대한 생각을 갖게 하는 원인은 아니지만, 결합하면 일부 개인에게는 위험이 증가할 수 있습니다.

- 치명적인 도구에 대한 접근
- 직접 또는 온라인으로 다른 사람을 괴롭힘
- 온라인으로 또는 직접 괴롭힘을 당함
- 유명인이나 영웅의 자살
- 의약품의 변경, 오용 또는 복용 중지
- 아동기 외상 및 학대
- 자살 가족력
- 알코올 또는 약물 남용 과거력
- 우울증 과거력
- 지지해주는 사람을 찾거나 교류할 수 없음
- 과거 또는 현재 정신 건강 문제
- 도움 요청 거부(종종 낙인 때문에)
- 문제 해결능력 부족
- 지원 부족

- 가족, 지역사회 또는 사회에 의한 배척
- 자살을 미화하는 영화나 텔레비전 쇼
- 자해행동을 하는 사람을 아는 사람
- 신체적 질병과 만성적인 통증
- 이전의 자살 시도
- 중요한 상실(관계, 애완동물, 일, 가족 및 친구 죽음, 경제 등)
- 사회적 고립

연구에 따르면 위의 요인 중 하나가 존재하면 또는 여러 가지 요인들이 조합되면 위험에 처할 수 있습니다. 더 많은 요인을 경험할수록 그 사람은 더 위험할 수 있습니다.

보호요인

사람들을 자해, 자살 생각 및 자살 시도로부터 보호해줄 수 있는 많은 보호요인이 있습니다.

- 다양한 의료 서비스 이용
- 사고 모니터링 및 감정 처리 지원
- 친구 및 가족의 지속적인 지원
- 심리적 문제, 신체 건강 문제 및 약물 남용 문제에 대한 효과적인 치료
- 생산적인 활동에 참여
- 건강관리 서비스의 지속적인 지원
- 스트레스 관리, 대처, 의사 결정, 문제 해결 및 마음 챙김 기술

이런 보호요인을 최대한 활용하는 것이 중요합니다. 접근 가능한 요소가 많을수록 삶의 지향점의 방향을 바꿀 필요가 있는 사람들에게는 기회가 많아집니다.

청소년 자살과 자해예방 전문가지침서

십대청소년 내담자를 도와주는 전문가를 위한 안내서
By John J. Liptak, EdD and Ester R.A. Leutenberg

내담자와 함께 이 지침서를 사용하기 전에
아래 및 다음 페이지의 모든 요점을 읽어보십시오.

1. 청소년 자살과 자해예방 전문가지침서는 훈련받은 전문가가 돌보는 내담자와 함께 사용하도록 설계되었습니다.

2. 본 지침서는 개인의 삶에서 자해와 자살이 나타나는 상황, 자신을 다치게 하는 생각과 행동으로 인해 고통 받는 사람들이 경험하는 경고사인과 위험요인, 자살생각을 예방할 수 있는 방법, 건강하게 지지 네트워크를 찾는 방법에 대한 상세한 이해를 제시하기 위한 실용적이고 단계적인 가이드입니다.

3. 전문가는 이 지침서를 사용하는 동안 함께 일하는 사람이나 십대청소년의 건강, 웰빙 및 안전을 보장할 책임이 있습니다. 전문가는 이 지침서에 수록된 자료를 활용하면서 임상적 판단을 해야 합니다. 임상적 판단은 내담자들이 최대한의 건강과 행복을 얻을 수 있도록 돕는 한편, 자해와 자살 생각과 관련된 감정, 생각, 행동을 해결하기 위해 어떻게 가장 잘 사용될 수 있는지 결정하는 것을 포함합니다.

4. 이 지침서의 목표는 내담자가 자해 또는 자살 생각에 대한 잠재력을 진단하거나 전문가가 이 지침서 내용에서 정신건강 진단을 할 수 있도록 하는 것이 아닙니다. 우리의 목표는 증상과 가능성 중 일부를 다루고, 현실에 적용하게 하고, 사람들이 앞으로 나아갈 수 있도록 도움을 줄 수 있는 대처 방법을 제공하고, 추가적인 의학적 도움, 약물 및 치료의 필요성을 고려하는 것입니다. 어떤 종류의 정신건강 문제에도 오명을 씌워서는 안 되며, 어느 누구도 고정관념의 피해자처럼 느껴서도 안 됩니다.

가장 중요한 것은 이 지침서의 목표는 내담자가 다른 많은 사람들도 동일한 문제를 많이 가지고 있고, 수치스러운 일이 아님을 인식하고 자해 및 자살이 자신의 문제에 대한 해답이 아님을 인식하도록 돕는 것입니다.

5. 본 지침서에 제시된 내용들은 다음과 같은 다양한 방법으로 사용할 수 있습니다.

- 활동은 내담자 개인이 혼자 하거나, 둘이 하거나 또는 매우 작은 그룹에서 사용할 수 있습니다. 한 사람 이상인 경우는 개별적으로 활동을 완료한 후 모든 참가자가 편하게 서로 공유할 수 있습니다.
- 내담자 각각 또는 소규모 그룹 구성원은 필요한 경우 전문가의 도움을 받아 활동을 완료할 수 있습니다. 이런 접근 방식을 활용하면 전문가는 내담자가 완료한 다양한 활동에 대한 내담자의 반응을 다루는 데 도움을 줄 것입니다.
- 소규모 그룹의 구성원은 활동을 치료 과정의 일부로 활용할 수 있습니다. 이런 접근을 사용하면, 구성원들은 공통성과 최적의 결과를 얻기 위해 다른 소규모 그룹의 구성원들과 함께 정보를 처리할 수 있습니다.
- 둘 이상의 내담자가 있는 경우, 여기에서 언급된 내용은 이곳에서만 이야기하라고 설명해야 합니다. 내담자들에게 사생활 보호를 위해, 자신의 삶에서

다른 사람들에 대해 쓰거나 이야기할 때 별명이나 가명을 사용할 필요가 있다는 것을 설명하십시오. 다른 사람의 이름이나 이니셜을 사용하지 마십시오.

- 소규모 그룹인 경우, 그룹 구성원이 짝을 이루어 함께 작업하도록 하는 것이 종종 성공적입니다. 이 방법을 활용할 경우, 구성원이 기꺼이 함께 하는 것에 동의할 때 그룹 구성원을 두 사람씩 구성해야 합니다. 두 사람은 그룹 토의에서 정보를 함께 처리하거나 역할극 또는 팀으로 작업할 수 있습니다.
- 본 지침서에 포함된 모든 자료는 개인 또는 작은 규모의 소그룹에서 활용할 수 있습니다. 전문가가 이 지침서를 소규모 그룹에 사용하는 경우, 참가자들이 자기점검, 작성 및 처리하도록 허용하기 위해 충분한 자료를 복사하거나 인쇄해서 사용할 수 있습니다. 전문가는 내담자가 자살로 인한 죽음이나 자해에 대한 욕구를 극복하는 데 가장 도움이 되는 자기점검 활동 중에서 원하는 것을 선택할 수 있습니다.

> 이런 자료를 사용하는 동안 언제라도, 내담자의 상태가 나아지지 않거나 악화되고 있는 경우 가능한 한 빨리 의료/정신건강전문가의 도움을 구하거나 권해야 합니다.

지침서의 양식

본 지침서는 정신건강전문가와 건강돌봄제공자가 십대청소년 한 사람 또는 소규모 그룹과 함께 작업할 때 사용할 수 있는 재사용 가능한 자료로 구성되어 있습니다.

일반적으로 스트레스가 심한 상태에 있는 사람들이 자신의 감정이나 생각을 표현하는 것은 어렵습니다. 이 활동 유인물의 목적은 참가자들이 흥미롭고 매력적인 활동들을 완성하고 생각하거나 말하기 어려운 단어를 작성함으로써 표현하는 것에 대한 자신감을 키우는 것입니다.

- 각 장의 첫 페이지는 진행자에게 각 장의 주제를 소개하고 두 번째 페이지는 참가자에게 주제를 소개합니다.
- 세 번째와 네 번째 페이지는 개인 또는 소규모 그룹과 함께 일하는 전문가를 위한 치료 계획입니다.

활동 유인물

활동 유인물은 참가자들에게 참가자들의 느낌과 신념에 대한 의견과 사실을 물어 봅니다. 정보의 정확성과 유용성은 내담자가 자신에 대해 정직하게 제공하는 정보에 달려있습니다. 내담자가 정보를 공유하고 싶지 않다면 정보를 공유할 필요가 없고 전문가 이외의 다른 사람에게 활동지를 보여줄 필요도 없음을 보장해야 합니다. 내담자들에게 그들이 안전한 곳에 있고 솔직하게 임해야 한다는 것을 분명하게 하십시오.

- 전문가가 치료과정을 향상시키기 위해 각 내담자의 삶에 대한 세부사항을 빠르고 쉽게 알 수 있도록 도와줍니다.
- 자기점검 과정에 있는 내담자가 통찰력을 얻고 행동변화에 참여하도록 도와줍니다.
- 전문가는 내담자가 기술을 지속적으로 개발하고 그들이 일상생활을 통합할 때 앞으로 나아가는 것을 탐구할 수 있도록 도와줍니다.
- 내담자가 자신의 생각, 감정 및 행동 관리가 어떻게 자해와 자살에 대한 생각에 영향을 미치는지 자세히 알 수 있도록 도와줍니다.
- 전문가에게 자해 및 자살 생각과 같은 민감한 주제에 관해 논의를 시작하기 위한 과정을 제공합니다.

- 내담자가 전문가와 협력하여 작업할 때 자신의 이야기를 전달할 수 있는 방법을 제공합니다.
- 현재와 미래에 효과적인 변화와 긍정적인 전망을 위한 계획을 세우는 데 큰 도움을 제공합니다.
- 내담자가 자신과 자신의 상황에 대한 다양한 요소를 탐색할 수 있도록 격려해줍니다.
- 내담자가 사람들을 고정관념을 가지고 보지 않도록 권장합니다.
- 탐색을 위한 연습으로 사용하며, 사람으로서 그들이 누구인지에 대해 판단하지는 않습니다.

> 이런 연습과 활동은 전문적인 지원을 대신하는 것은 아닙니다.
>
> 참가자 중 자신이 제공 할 수 있는 것보다 더 많은 도움이 필요하다고 느끼거나 다른 사람이 당신보다 더 도움을 줄 수 있다고 생각되면 해당 전문가에게 의뢰하십시오.

모든 활동지를 다 사용하거나 지침서의 제시순서에 따라 사용할 필요는 없습니다. 전문가는 필요에 따라 필요한 부분을 선택하거나 활동유인물을 선택하여 사용할 수 있습니다.

활동유인물은 다양한 지능과 다양한 학습스타일에 적용할 수 있도록 여러 가지 형식으로 제공되는 것으로 자신을 돌이켜볼 수 있는 사용이 쉬운 활용물입니다. 활동유인물의 목적은 내담자가 과거를 돌아보고, 현재의 대처 및 문제해결 기술을 배우고 희망에 가득 찬 미래를 계획하도록 돕는 것입니다. 많은 활동들은 내담자가 그들의 현재 상황과 관련된 중요한 주제에 대한 글쓰기 기능을 활용합니다. 이런 활동들은 진행자가 각 참가자의 응답내용을 부드럽게 탐색할 수 있는 기반이 될 것입니다.

자기점검 활동은 내담자의 자기 돌아보기를 돕고, 자기 지식을 향상시키며, 잠재적으로 비효과적인 행동을 식별하며, 삶의 생각과 스트레스에 대처하는 보다 효과적인 방법을 알게 할 것입니다. 내담자가 삶의 기술을 향상시킬 수 있는 일련의 발견을 돕고 자해 및 자살에 대한 생각을 줄이는 데 도움이 되는 활력 있는 방법으로 사용되도록 설계되었습니다. 이 간단하고 사용하기 쉬운 자기점검 도구는 통찰력과 자기성장을 촉진하도록 고안되었습니다. 참가자가 가장 필요로 하는 활동과 가장 호소력이 있는 활동을 선택할 수 있도록 다양한 유형의 자체 자기점검 활동이 제공됩니다. 자기점검 활동의 고유한 특성으로 인해 사용자 친화적이고 다양한 개별 세션과 소규모 그룹 세션에 사용하기 쉽고 적합하게 만들었습니다.

모든 활동은 재사용 가능하며 개별 내담자 또는 소규모 그룹의 특정 요구에 맞추어 사용할 수 있습니다. 일부 활동에서 참가자는 다음과 같은 기회를 갖기도 합니다.

- 어떻게 하면 그들이 더 나은 기분을 갖기 위해 그 당시 삶에 변화를 줄 수 있는지 탐구해보기

  이런 활동은 참가자들이 현재의 생활 상황을 살펴보고, 보다 평화롭게 사는 새로운 방법을 발견하고, 기술을 수용하기 위해 그들의 삶의 변화를 실행하도록 돕고자 고안되었습니다.

- 자기 인식을 향상시키는 방법으로서의 글쓰기

  글쓰기를 유도하여 참가자는 현재 상황에 기여했거나 현재 기여하고 있는 생각, 태도, 느낌 및 행동에 대해 쓸 수 있습니다. 글쓰기를 통해 참가자는 자신의 걱정을 안전하게 해결할 수 있습니다.

- 부정적인 패턴에 대한 과거의 행동을 알아보고 미래에 보다 효과적으로 문제에 직면하는 새로운 방법을 학습함으로써 기분 문제를 검토하기

  이런 활동들은 참가자들이 더 건강한 생활 방식을 개발할 수 있도록 자신들의 삶을 점검하는 것을 도와주기 위해 고안되었습니다.

전문가는 활동의 진행과 대상자 즉, 개인, 소규모 집단, 두 사람, 자원봉사자들과 공유 등을 선택할 수 있습니다.

활동유인물들

- 평가(Assessments)
- 체크목록 표시(Check-off Lists)
- 기술(Descriptions)
- 그림(Drawing)
- 반영적 글쓰기(Journaling Reflections)
- 인용(Quotations)
- 상기(Reminders)
- 반응(Responses)
- 자기탐색(Self-Exploration)

평가

- 각 장의 첫 번째 활동지는 평가이다

자해-자해행동 평가
경고사인-자살경고신호 검사
위험요인-위험요인 파악하기
예방-자기점검 설문지
지지-지지시스템 검토

이런 평가는 전문가가 내담자의 자기보고를 통해 얻은 자료를 빠르고 쉽게 수집하기 위해 사용합니다. 이런 평가는 많은 전통적인 평가처럼 진단하기 위해 고안되지는 않았습니다. 평가의 목적은 내담자로부터 정보를 신속하게 수집하여 내담자를 더 잘 이해하는 것입니다. 각 평가는 내담자와 전문가가 협력하여 완료할 수 있도록 구성되었습니다. 내담자 스스로 전문가에게 평가결과를 제출하기 전에 자기 자신에 대한 평가가 가능할 수도 있지만, 전문가는 내담자에 대한 평가와 내담자로부터 도출된 정보를 해석할 책임이 있습니다. 이렇게 하는 이유는 결과에 기초함으로써 내담자를 고정관념을 가지고 보지 않으려는 것입니다.

■ 각 장의 평가는 여러 가지 면에서 도움이 된다

- 촉진자와 참가자가 확인된 목표를 향한 진행 상황을 측정할 수 있는 행동의 기저선 설정
- 전문가가 자신의 내담자에 대한 귀중한 정보 수집
- 전문가가 치료 과정에서의 진행 상황을 측정
- 자해 및 자살 생각과 관련된 사고, 감정 및 행동의 변화를 측정할 수 있는 사전 및 사후 검사로 활용
- 전문가가 내담자에게 긍정적이고 부정적인 영향을 미치는 패턴을 확인
- 내담자에게 통찰력과 긍정적인 행동 변화를 제공하고 촉진
- 내담자가 전문가와 공동으로 작업할 때 치료 계획 과정에 참여
- 전문가에게 내담자의 장점과 한계에 대해 자세히 알아볼 수 있는 출발점 제공

소규모 그룹과 작업할 때, 전문가는 각 내담자가 결과에 다르게 반응할 수 있는지 그리고 결과를 처리하고 그들의 생각을 통합하는 방식이 어떻게 다른지 관찰할 것입니다.

정보의 정확성과 유용성은 내담자들이 자기 자신에 대한 정보를 정직하게 제공하는 것에 달려있습니다. 만약 내담자가 원하지 않을 경우 그들의 정보를 공유할 필요가 없음을 내담자에게 명확하게 해야 합니다. 가장 중요한 것은, 그들이 안전감을 느끼고 솔직하게 임해야 한다는 것입니다.

이런 평가는 전문적인 도움의 대안으로 생각되어서는 안 됩니다. 내담자에게 제공할 수 있는 것보다 더 많은 도움이 필요하다고 생각된다면 적합한 전문가에게 의뢰하십시오.

피드백 제공

완성된 활동지는 내담자, 전문가 및 참자가가 결과를 공유하기로 결정한 다른 사람만 볼 수 있음을 재확인시킵니다. 내담자에게 솔직해지도록 격려하십시오.

피드백을 제공할 때는 내담자의 글에 대한 피드백을 어떻게 제공할 것인지에 대해 논의하여 내담자를 안심시키십시오. 여러분들이 내담자에게 활동지를 시작하기 전에 제공받았으면 하는 것이나 명확하게 하고 싶은 것이 있는지 물어보는 것도 좋습니다. 내담자에게 최선을 다해 각 활동지를 완성한 후 다시 제출하라고 알려주십시오.

피드백을 제공하기 위한 준비를 할 때, 완성된 활동지에서 얻은 자료는 전문가와 내담자가 세상에 대한 독특한 관점에 관해 통찰력을 얻을 수 있는 방법이라고 설명하십시오. 이런 활동들은 내담자들에게서 일어나고 있는 일들, 그들이 자신의 생각을 어떻게 표현하는지, 그리고 내담자들의 세상에서 자신을 어떻게 보는지를 이해하는 데 도움이 됩니다.

활동지 결과에 대한 논의

■ 피드백 세션을 최대한 활용할 수 있는 몇 가지 방법

- 활동지에 대해 궁금한 점이 있으면 내담자에게 물어보십시오.
- 내담자에게 솔직하게 임했는지 물어보십시오.
- 활동지 결과에 대해 가능한 빨리 논의하십시오.
  내담자는 자신이 작성한 것에 대해 걱정할 수 있습니다.
- 긍정적인 것으로 피드백 세션을 시작하십시오.
  사람들은 자신의 강점에 대해 먼저 들었을 때 한계에 대한 이야기를 더 잘 들을 수 있습니다.

- 간단한 생각이나 질문으로 시작하여 더 복잡한 것으로 화제를 바꿀 수 있습니다.
  한 번에 너무 많은 정보를 물어보는 것은 내담자에게 압도적일 수 있습니다.
- 내담자가 수용할 수 있는 결과부터 시작하십시오.
  점진적으로 내담자들이 고려했을 수 있지만, 완전히 인식하지 못했거나 숙고하지 못한 것으로 화제를 바꾸십시오.
- 친절하게 하십시오.
  일부 내담자는 자기점검 설문지 결과에 대한 피드백을 들을 때 방어적이 될 수 있습니다.
- 언어를 매우 신중하게 선택하십시오. 최대한 긍정적이고 낙관적이어야 합니다.
- 긍정적인 것으로 피드백 세션을 종료하십시오. 이것은 듣기 어려운 부정적인 피드백을 상쇄하는 데 도움이 될 수 있습니다. 또한 내담자가 문제가 있지만 상황이 모두 나쁜 것은 아니라는 것을 느끼게 할 수 있습니다.

■ 기억해야 할 다른 사항

- 복잡한 전문 용어는 사용하지 않기
- 내담자가 이해할 수 있는 명확하고 간단한 언어 사용하기
- 긍정적이고 행동 지향적인 언어 사용하기
- 가능하면 개인화하기(개인의 상황이나 독특성 등을 반영하여 설명하기)
- 내담자에게 결과에 대한 설명 또는 이야기를 하도록 요청하기
- 정보 과부하 피하기

피드백 세션 후

피드백 세션이 끝날 무렵, 결과로부터 얻은 것과 그 결과가 치료 계획과 목표

설정 도구를 개발하는 데 어떻게 도움이 되는지에 대한 개요를 제공하고 세션을 마무리합니다.

■ 이 단계에서 고려해야 할 사항

- 활동 결과를 확인하거나 수정하도록 내담자에게 참여를 요청하십시오. 내담자가 동의하지 않는다면, 다른 사람들이 자신들을 이런 식으로 생각하는 것을 이해할 수 있는지 물어보십시오. 피드백이 사실일 수 있음을 받아들일 수 있는지도 물어보십시오. 만약 이런 것들이 다른 사람들에게는 사실일 수 있지만 자신에게는 해당되지 않는다고 믿는다면, 자신에게 이 진술들이 사실일 수 있는 사람들과 공통적으로 가질 수 있는 어떤 특징들이 있는지 물어보십시오.
- 내담자가 정서적 반응을 나타내면 잠시 중지하고 지지하십시오. 내담자들에게 준 피드백은 이해되거나 받아들여지기 어려울 수도 있습니다. 내담자들이 피드백을 알고 이해했다 하더라도 그것이 명확하게 언급되는 것을 듣는 것이 매우 어려울 수도 있고, 자신이 가진 측면들을 스스로 받아들이기 어려울 수도 있습니다.
- 내담자와 리스트나 평가 결과에 대해 논쟁하지 마십시오. 그 중 일부는 내담자에게 해당될 수도 있고 다소 그렇지 않을 수도 있습니다. 어떤 것은 대부분의 장면에서 사실일 수 있고, 어떤 것은 단지 몇 가지 경우에서만 사실일 수 있습니다.
- 피드백 세션에서 중요한 것은 각 내담자의 삶의 문제를 명확하게 이해하는 것입니다. 반면 결과의 최종 의미는 전문가인 당신의 의견으로 자료를 해석하는 것입니다.
- 피드백을 받는 것에 대한 일반적인 반응은 방어입니다.

■ 이런 경우에는

- 위협을 느끼는 사람들과 개인적으로 대화하십시오.

- 긍정적인 것과 부정적인 것의 균형을 유지하십시오.
- 당신의 접근 방식은 부드럽고 민감해야 합니다.
- 확증적인 정보를 제공하십시오.
- 평가 방법이 갖고 있는 가능한 한계를 인정하십시오.
- 내담자가 가능한 해결책을 확인하고 더 나은 삶의 목표를 세울 수 있도록 도와주어야 합니다.

활동결과를 행동으로 변화시키기

활동이 완료된 후 치료과정의 다음 단계로 넘어갑니다. 이 단계에는 내담자가 자신의 삶을 되돌아보고 개선을 위한 조치를 취하는 것이 포함됩니다.

- 한 가지 방법은 전문가가 내담자의 가장 크게 취약한 분야를 해결해야 하는 가장 중요한 문제로 삼는 것입니다.
- 또 다른 방법은 긍정성을 구축하기 위해 내담자의 주요 강점을 탐색하는 것입니다.

지침서에 제시되어 있는 활동을 활용하는 방안은 치료 과정에 접근하는 가장 좋은 방법에 대한 당신의 신념에 기초할 것입니다.

지침서의 다른 특징

인용문

각 장의 끝에는 참가자의 자기점검 및 글쓰기 활동에 대한 내용과 관련하여 하나 또는 두 개의 인용문이 있는 페이지가 있습니다. 이 인용문은 내담자가 인용문에 대한 생각을 자신의 삶에 적용하는 데 효과적입니다. 자신의 삶에 대한 은유를 읽으면서 내담자들은 다른 사람들의 말 뒤에 숨겨진 지혜를 보고, 각 인용문이 자신들이 살고 있는 삶과 어떤 관련이 있는지를 생각해보고, 적절할 때 지혜를 적용할 수 있을 것입니다. 인용문은 동기부여가 될 수 있고 내담자들이 긍정적인 행동을 취하도록 유도할 수 있습니다.

실질적인 자원

이 지침서가 끝나면 참가자는 스트레스를 받을 때 접근할 수 있는 다양한 자원을 알게 될 것입니다. 이런 자원은 내담자와 전문가가 자해 및 자살예방 핫라인 정보 그리고 도움을 제공할 수 있는 기관 등에 대하여 자세히 알아보는 데 사용할 수 있습니다. 필요한 경우 자료를 복사하여 내담자와 그 가족에게 배포할 수 있습니다.

재생 가능

이 지침서의 활동유인물은 자유롭게 충분하게 사용할 수 있습니다. 즉, 각 참가자에게 설명하거나, 전문가와 함께 완성하거나, 집으로 가져가거나, 집에서 혼자서 완성할 수 있는 유인물을 제공할 수 있습니다. 내담자들에게 자유롭게 생각할 수 있도록 여분의 활동지를 줄 수도 있습니다.

이름 코드: 별칭이나 약어를 사용한 비밀보호

본 지침서의 자료를 사용하기 전에 내담자들에게, 비밀보호는 과거에 관계가 있었거나 현재 상호작용하고 있는 다른 사람들의 사생활을 보존하는 모든 행동을 포괄하는 용어라고 설명하십시오.

과거, 현재 또는 미래의 삶에 대해 글을 쓰거나 이야기할 때 참가자에게 별칭이나 약어를 사용하도록 지시하십시오. 이렇게 하는 것은 자해 및 자살과 같은 민감한 주제에 대해 이야기할 때 비밀 유지의 중요한 측면입니다.

본 지침서의 활동을 완료하는 내담자에게는 현재 발생 중이거나 과거에 발생한 사건에 대한 반응과 자신의 삶에서의 다른 사람에 대해 작성하도록 요청할 수 있습니다. 별칭이나 약어는 두 사람이나 그룹으로 작업할 때 특히 중요합니다.

비밀유지는 다른 사람에 대한 존중을 보여주고 나아가 사람들이 다른 사람의 감정을 상하게 하거나 험담, 해악 또는 보복을 두려워하지 않고 자신의 감정을 노출할 수 있도록 격려해주는 것입니다.

각 장의 설명

각 장은 개인 및 소그룹에서 전문가가 실제 활동유인물을 배포하기 전에 참여할 수 있는 목차 및 치료 계획으로 시작합니다.

자해

이 장은 전문가가 내담자의 자해 행동을 식별하고 탐색 할 수 있도록 도와줄 뿐만 아니라 이 행동을 극복하기 위한 몇 가지 도구, 기술 및 기법을 발견하고 구현하도록 도와 줄 것입니다.

경고 신호

이 장은 전문가가 내담자에게 자해 또는 자살생각에 미치는 경고 신호와 영향을 인식하고 식별하고 탐색하는 데 도움이 되도록 도와줄 것입니다.

위험 요인

이 장은 전문가가 내담자의 다양한 위험 요인을 탐색하고 위기가 발생할 때 이런 위험 요인의 영향을 줄일 수 있는 방법을 찾도록 도와 줄 것입니다.

예방

이 장은 전문가가 내담자에게 도움을 받고 자해 및 자살 생각을 줄일 수 있는 도구, 기술 및 기법을 제공하도록 도울 것입니다.

지지

이 장은 전문가가 지역사회 자원뿐만 아니라 필요한 다양한 지원 인력에 접근할 수 있는 방법을 내담자에게 제공하는 데 도움이 될 것입니다.

내담자 및 전문가 국가자원

이 장은 내담자들과 전문가들에게 국가 자원으로부터 얻을 수 있는 자해와 자살 예방에 대한 정보를 제공할 것입니다.

01

청소년 자살과 자해예방 전문가지침서

자 해

01

자 해

전문가를 위한 안내

자해란 자신에게 고의적으로 고통을 주는 행동을 말합니다.

자해는 자살로 죽음을 시도하는 것과 같지는 않지만, 앞으로의 자살을 예측할 수 있습니다. 자해는 보통 정서적 괴로움, 트라우마, 무관심, 학대 등을 나타내는 신호입니다. 정신질환을 나타내는 지표가 아닙니다. 즉, 정신질환자에게 해당하는 것이 아닙니다. 자해는 자신들에게 내재되어 있는 감정을 파악하고 관리하기 위한 대처 기술을 배워야 하는 사람들이 나타내는 행동입니다.

자신에게 상처를 입히는 십대청소년들은 내적으로 공허함을 느끼는 경향이 있으며, 자극을 과도하거나 과소하게 경험하기 쉽습니다. 이들은 종종 자신의 감정을 표현하지 못하고, 외로움을 느낄 수 있고, 자신이 다른 사람들에게 이해되지 않는다고 믿으며, 다양한 관계와 책임을 두려워할 수 있습니다. 자해는 고통스럽고 표현하기 힘든 감정에 대처하거나 완화하려는 방법입니다. 중요한 것은 고통의 경감을 경험하는 것은 일시적이고 적절한 치료가 없으면 종종 자기

파괴의 악순환이 발생한다는 것입니다. 자해는 삶에서 다른 어떤 것도 통제할 수 없을 때 자신의 몸을 통제하려고 노력하는 방법이 될 수도 있습니다.

십대청소년은 자해 행위를 함으로써 부정적인 감정이나 정신적 상태에서 벗어나고, 대인관계의 문제를 해결하고, 지루한 감정을 다루거나, 더 긍정적인 감정을 만들려고 노력합니다.

이 장은 내담자들이 다음과 같은 조치를 취할 수 있도록 도와줄 것입니다.

- 자신의 자해행동을 평가하고 탐색하기
- 생각, 느낌 및 행동이 어떻게 서로 관계되어 있는지 알아보기
- 자해행동을 하게 하는 특정 촉발요인을 생각해보고 확인하기

개인 및 소규모 그룹과 함께 일하는 전문가를 위한 치료 계획

아래의 각 항목은 지침서의 평가 또는 활동 페이지와 관련되며, 개인 또는 소규모 그룹과 함께 작업할 때 각 연습에 적합하게 사용할 수 있는 추가적인 방법을 제시합니다. 또한 전문가의 재량에 따라 사용할 수 있으며, 각각의 방법들은 참가자들이 유인물을 사용한 후 각 페이지에서 다루는 자료와 관련된 학습을 진행하는 데 도움을 줄 수 있습니다.

37쪽	자해행동 평가
개인	내담자가 고의로 자신에게 고통이나 해를 입힐 수 있는 이유들의 리스트를 작성한다.
소규모 그룹	비밀에 대해 이야기하고 공개하는 것이 공감, 희망, 더 나은 삶 등을 이끌어낼 수 있다는 것에 대해 논의한다.
40쪽	자해행동 평가결과에 대한 평가
개인	전문가와 함께 행동 평가에서 체크된 반응 목록을 살펴본다.
소규모 그룹	전문가 및 기타 의료진과 함께 행동 평가에 대한 반응을 살펴본다.
44쪽	정서적 고통 기술하기
개인	문장완성상자를 완성하여 내담자들의 정서적 고통의 특징을 파악한다.
소규모 그룹	전문가들이 문장완성상자를 자른다. 각 사람이 잘라낸 것을 들고 큰 소리로 읽는다.
46쪽	주변 환경 탐색
개인	자해를 하는 사람, 장소, 방법 및 가능한 패턴을 파악한다.
소규모 그룹	참가자들이 차례대로 진행자로서의 역할을 하며 동료 패널들에게 질문을 한다.

48쪽	바쁘게 지내기
개인	자해를 줄이기 위해 참여할 수 있는 긍정적인 사람, 프로젝트 및 활동을 확인한다.
소규모 그룹	소규모 그룹은 자신들의 생각을 토론하고 나열한다.
49쪽	차분하게 생각나게 하기
개인	긍정적인 자기 대화, 대안적인 행동, 지원 담당자 및 사후 메시지를 기록한다.
소규모 그룹	전문가는 활동지를 잘라서 각 사람에게 나누어 주고 완성하게 한다. 참가자들은 결과를 공유한다.
51쪽	나의 자해 촉발요인
개인	특정 감정에 대응하고, 촉발자극과 보다 효과적인 대처 방법을 기록한다.
소규모 그룹	전문가는 게시판 위에 감정을 나열한다. 참가자들은 하나를 선택하고 그들의 촉발사건을 공유한다.
53쪽	일상적인 행동을 바꿀 시간
개인	자해를 하는 과정의 구체적인 단계를 보여준다. 변화한 것을 읽는다.
소규모 그룹	자원봉사자들은 게시판에 자신들의 단계를 보여주고, 참가자들은 각 단계를 수정하고 그 과정을 멈추는 방법을 알려준다.
54쪽	생각, 감정, 행동
개인	자해 행위 이전의 상황과 생각 및 감정을 묘사하거나 기술한다.
소규모 그룹	참가자들의 반응을 공유하고 상황을 보다 긍정적인 시각으로 볼 수 있는 방법에 대한 참가자의 제안을 받는다.
56쪽	생각을 바꾸기
개인	변화 기술을 연습하라. 도전하라, 멈춰라! 재구성하고, 바꾸어라.
소규모 그룹	부정적인 생각을 공유하라. 참가자들은 도전, 중지, 재구성하고 생각을 바꾸는 방법의 예를 제공한다.

58쪽	자해에 대한 대안
개인	참가자가 시도할 수 있는 대안 목록을 작성한다.
소규모 그룹	나열된 각 대안의 가능한 장단점을 논의한다.
60쪽	The 4Ds{미루기(Delay), 주의 분산하기(Distract), 전환하기(Divert), 진정시키기(Defuse)}
개인	자해를 방지하기 위한 각 기법의 예를 들어 본다: 미루기, 주의분산하기, 전환하기, 진정시키기
소규모 그룹	진행자는 4개의 D를 게시판에 나열하고, 참가자들은 각각을 구현하는 방법에 대해 토론한다.
61쪽	자기 자신에게 친절해지기
개인	참가자가 기꺼이 시도할 수 있는 자신에게 친절하게 대하는 방법을 나타내는 항목을 완성한다.
소규모 그룹	참가자들은 자신들의 세 가지 "가장 시도하기 쉬운" 기법과 "시도하기 어려운" 기법을 공유하고 그 이유를 설명한다.
63쪽	건강하고 건강하지 못한 자기대화로 재미있게 놀기
개인	자신을 그려서 건강하고 건강에 좋지 않은 자기 대화문장을 보여주는 단어 거품을 만든다.
소규모 그룹	긍정적인 자기 대화 메시지 목록을 제안하라. 사진, 복사 또는 전자복사 등으로 배부하라.
65쪽	자해에 대한 인용문
개인	3개의 치료적인 인용문을 생활에 적용하는 방법에 대해 기술한다.
소규모 그룹	자해와 관련하여 다른 사람에게 전하고 싶은 인용문을 공유한다.

참가자를 위한 안내

자해란 자신에게 의도적으로 고통을 주는 행동입니다.

자해는 자살로 죽으려는 것과 같지는 않지만, 앞으로의 자살에 대한 예측 변수가 될 수 있습니다.

자해는 일반적으로 정서적 괴로움, 외상, 무관심, 학대 등의 징조입니다.

자해란 정신 질환의 지표가 아니며, 정신 질환을 앓고 있는 사람을 위해 예비로 남겨놓은 것도 아닙니다. 자해는 자신의 근본적인 감정을 파악하고 관리하기 위해 대처기술을 배우는 것이 필요한 사람들의 행동입니다.

자해행동 평가 소개 및 지침

자해는 종종 부정적인 사건이나 감정에 대처하는 방법으로 사용됩니다. 자해행동을 하는 십대청소년들은 자신들의 파괴적인 생각, 감정, 행동을 이해하고 확인할 필요가 있습니다. **자신이 자신을 해치려고 하는 이유를 탐구하는 것은 중요합니다**.

- 이 평가에는 사람들이 자신을 해치는 35가지 이유가 포함되어 있습니다.
- 각각의 문장을 읽고 각 문장이 자신을 묘사하는지의 여부를 결정하십시오.
- 문장이 자신을 기술하는 것이면, 네모 안에 체크 표시를 하십시오.
- 문장이 당신을 기술하는 것이 아니면 네모 안을 비워 두십시오.
- 당신이 자해하는 이유가 기술되어 있지 않은 경우, 아래쪽에 있는 "기타" 란에 기록하십시오.

예:

(이 문장이 당신을 나타낸다.)
☑ 나의 고통을 완화하기 위해

(이 문장이 당신을 나타내지 않는다.)
☐ 나의 통증을 완화하기 위해

이것은 시험이 아닙니다.

옳고 그른 답이 없으니, 문장을 읽고 생각하는 데 너무 많은 시간을 사용하지 마십시오. 당신의 첫 반응은 대개 가장 정확합니다.

(다음 페이지를 넘겨 시작하시오)

자해행동 질문지

당신이 고의적으로 자신에게 고통이나 위해를 가하는 이유를 나타내면 네모 안에 체크하십시오.

□ 내 고통을 덜어주기 위해서
□ 내 잘못을 속죄하기 위해서
□ 자살로 죽지 않기 위해서
□ 관심을 받기 위해서
□ 내 감정적 고통을 육체적 고통으로 바꾸기 위해서
□ 내 감정에 대처하기 위해서
□ 지루함에 대처하기 위해서
□ 기분이 나아지기 위해 친구가 했던 대로 하기 위해서
□ 다른 사람들이 나에게 관심을 갖도록 격려하거나 유도하기 위해서
□ 내 감정을 육체적으로 표현하기 위해서
□ 부정적인 상황에서 안도감을 느끼기 위해서
□ 내 충동을 관철시키기 위해서
□ 잊기 위해서
□ 내 몸을 통제하기 위해서
□ 가치 없는 내 감정을 없애기 위해서
□ 내 문제를 무시하기 위해서
□ 내 안의 무감각함을 떨쳐버리기 위해서
□ 내 내면의 목소리를 듣기 위해서
□ 우울증이 아닌 행복한 삶을 살기 위해서
□ 더 큰 방법으로 나 자신을 해치지 못하게 하기 위해
□ 내 발작을 관리하기 위해서
□ 슬픔을 극복하기 위해서

□ 나를 벌주기 위해서
□ 부끄러움에 대한 내 생각을 잠재우기 위해서
□ 활력을 되찾기 위해서
□ 긴장을 풀기 위해서
□ 스트레스를 풀기 위해서
□ 의견 차이를 해결하기 위해서
□ 내가 느끼는 공허감을 없애기 위해
□ 주의를 돌리기 위해서
□ 사람들에게 충격을 주기 위해서
□ 내가 얼마나 나 자신을 싫어하는지 보여주기 위해서
□ 내 자신의 분노를 억누르기 위해서
□ 나의 끔찍한 생각들에 더 이상 매달리지 않기 위해서
□ 다른 사람들을 걱정시키기 위해서
□ 다른 이유
□ 다른 이유
□ 다른 이유

이 설문조사에 대해 전문가와 상의하십시오.

자해행동 평가과정

당신의 내담자가 방금 완료한 자해행동 평가는 내담자가 자해하는 이유의 일부를 측정하기 위해 고안되었습니다. 이 자해행동 평가는 내담자들이 자해행동을 하는 이유 35가지에 대한 생각을 시작할 수 있도록 돕는 도구입니다. 자기평가는 다음과 같은 다양한 이유로 사용됩니다.

- 평가양식은 기존의 평가 및 퀴즈보다 덜 위협적이면서도 참가자와 촉진자 모두에게 자해행동에 대한 귀중한 정보를 제공하도록 고안되었습니다. 참가자의 대답에는 정답과 오답이 없으며, 참여자가 언급한 이유는 자해행동과 관련된 문제를 탐색하는 데 도움이 될 수 있음을 설명해야 합니다.
- 참가자들이 자신의 자해행동과 관련된 상황에 대해 말하고 쓰도록 하는 것은 그 자체로 치료적인 효과를 가질 수 있습니다. 글쓰기를 통해 참가자들은 죄책감과 수치심과 같은 부정적인 감정을 변화시킬 수 있고, 낙천주의와 공감과 같은 긍정적인 감정에 접근할 수 있으며, 비슷한 문제를 가진 다른 사람들과 연결되어 있음을 느낄 수 있습니다. 글쓰기는 개인의 성장을 증진시키고, 감정 표현을 증가시키며, 사람이 삶에 대한 유능감과 통제력을 느낄 수 있도록 돕는 것으로 나타났습니다. 참가자들에게 문법이나 형식에 구애받지 않고 편안하게 글을 쓰게 하는 것을 잊지 마십시오.
- 자기평가는 참가자가 상담 과정에 적극적으로 참여하도록 격려합니다. 내담자가 단순히 촉진자로부터 수동적인 피드백을 받는 사람이라기보다는, 말할 기회를 부여받고 상담과정의 지향점을 알게 될 수 있습니다. 참가자들은 자신들이 상담과정에 적극적으로 참여할 때 목표설정에 더 많이 관여하고 이런 목표를 향해 더 많이 노력하는 경향이 있습니다.

- 평가는 특정 상황에 대한 각 참가자의 인식뿐만 아니라 행동에 대한 통찰력을 제공합니다. 당신이 참가자를 인식하는 방법과 참가자가 자신을 인식하는 방법의 차이는 이 활동을 완료하는 동안 분명히 나타날 것입니다. 상담하는 동안 이런 인식의 차이를 이용할 수 있습니다.
- 자신이 들은 것을 느끼고 싶어 하는 것이 인간의 본성입니다. 평가는 누군가 자신의 이야기를 듣고 이해되기를 원하는 사람들에게 표현할 수 있게 합니다. 참가자들이 자해행동과 관련된 정보를 처리하는 데 필요한 만큼 충분한 시간을 허용해야 합니다. 평가는 중요하며 각 참가자와 그들의 문제와 관련된 많은 단서들을 당신에게 제공할 것입니다.

내담자가 자해행동 평가에서 표시한 응답 목록을 작성하도록 도와주십시오. 다음 페이지에 있는 각 응답 아래 빈 곳에, 당신이나 당신의 내담자가 그 이유를 쓰고 이 두드러진 욕구를 갖게 하는 상황을 설명할 수 있습니다.

자해행동 평가

내담자가 방금 완료한 자해행동 평가는 내담자가 자해하는 이유를 측정하기 위해 고안된 것입니다.

내담자가 자해행동 평가에서 체크한 응답 목록을 작성하도록 도와주십시오. 각 응답 아래의 빈 곳에, 여러분이나 여러분의 내담자는 그 이유를 기술하고 이런 명백한 욕구를 갖게 한 상황을 설명할 수 있을 것입니다. 6개 이상일 경우 여분의 다른 종이를 사용하십시오.

1) 나는 체크했다 ______________________________

상 황: ______________________________

____

2) 나는 체크했다 ______________________________

상 황: ______________________________

____

3) 나는 체크했다 ______________________________

상 황: ______________________________

____

4) 나는 체크했다 ______________________________

상 황: ______________________________

____

5) 나는 체크했다 ______________________________

상 황: ______________________________

____

6) 나는 체크했다 ______________________________

상 황: ______________________________

이 페이지의 내용을 공유할 수 있는 다른 사람은 누구입니까?

____

____

____

정서적인 고통 설명하기

많은 십대청소년들이 자신들의 감정적인 고통을 다루기 위해 자해를 합니다. 자해는 흔히 감정적인 느낌이나 고통을 숨기기 위해 육체적인 고통의 감정을 만들어내려는 시도입니다.

당신의 정서적인 고통을 생각해보십시오. 어려울 수 있지만, 그 고통을 설명해보십시오.

내 **정서적인** 고통은 ________________과 같이 느껴진다.

내 **정서적인** 고통은 나에게 ________________을 하게 한다.

내 **정서적인** 고통은 나에게 ____________________을 떠오르게 한다.

내 **정서적인** 고통이 너무 심해서 나는 ____________________한다.

내 **정서적인** 고통은 마치 ____________________인 것처럼 보인다.

자기환경 탐색

자해를 했던 상황을 생각하면 자해행동을 제한하는 데 도움이 되는 이해를 할 수 있습니다. 자신에게 상처를 입힐 충동이 생길 때 환경을 바꿀 수 있습니다. 충동이 일어나기 전에 환경을 바꾸는 것이 예방에 확실히 더 수월합니다.

첫 번째 단계는 환경이 당신의 자해행동에 어떤 역할을 하는지에 대한 파악입니다. 마지막으로 자해했을 때를 적으시오.

누구와 마지막에 같이 있었나요? (별칭 사용) 자해하기 전에 평소에도 이 사람과 같이 있었나요? 왜 그랬나요? 혹은 왜 그렇지 않은가요?
어디에 있었나요? 자해할 때 주로 이런 곳에 있었나요? 왜 그런가요? 혹은 왜 그렇지 않은가요?
언제 이런 일이 일어났는가? 당신이 자해할 때 보통 이 시간에 했었나요? 왜 그런가요? 혹은 왜 그렇지 않은가요?

어떻게 자해를 했나요? 이것이 평소 자해방법인가요? 왜 그런가요? 혹은 왜 그렇지 않은가요?
무엇이 당신의 자해행동을 자극했나요? 이것이 보통 당신의 자해행동을 촉진하나요? 왜 그런가요? 혹은 왜 그렇지 않은가요?

위의 답변을 보면 어떤 패턴 등이 반복적으로 일정하게 나타나는 것이 있습니까? 설명해보세요.

이런 패턴이나 반복적인 것을 대체하는 건강한 방법은 무엇이라고 생각하나요?

바쁘게 지내기

문제, 어려움, 악화, 치솟는 감정 등을 앉아서 생각하는 것은 해로울 수 있습니다. 이렇게 하는 것은 종종 원치 않는 부정적인 생각들이 여러분의 뇌리 속을 떠나지 않게 합니다. 이런 일이 일어나지 않도록 막는 한 가지 방법은 긍정적인 사람 만나기, 프로젝트하기, 자원봉사 또는 일, 취미, 오락 등으로 바쁘게 지내는 것입니다. 만약 하루 중 자신이 자해할 것 같은 시간에 바쁘고 침착하게 지낼 수 있다면, 시간과 관련된 자해의 패턴을 끊을 수 있을 것입니다.

여러분이 가장 위험한 상황에 처했을 때, 바쁘게 지낼 수 있는 몇 가지 방법을 기술하십시오.

내가 자해할 가능성이 가장 높은 때는 ______________________________

바쁘게 지낼 수 있는 방법	내가 이것을 할 수 있는 방법	내가 이 방법을 선택한 이유
예: 음악 듣기	방에서 혼자 휴대전화로 음악을 듣기	음악을 좋아한다. 음악은 나를 매우 차분하게 한다!

부드럽게 상기시키기

종종 자해는 의식적으로 인식하기 어려운 일상적인 행동이 될 수도 있습니다. 이런 경우에는 부드럽게 상기시켜 습관적인 자해행동을 깨는 것이 도움이 됩니다. 불안하거나 공황상태로 인해서 자해 충동에 직면했을 때, 여러분들이 가진 모든 선택을 자신에게 상기시키는 것을 시작하십시오.

아래의 빈곳에 부드럽게 상기시킬 수 있는 방법에 대해 기술하십시오.

더 이상 나 자신에게 상처 입히고 싶지 않다고 스스로에게 말하라.	더 이상 내 몸에 상처 입히지 않도록 도움을 받을 것이다.
나는 내 자신에게 이렇게 말할 수 있다:	나는 내가 신뢰하는 사람에게 연락할 수 있다:

<table>
<tr><td>내가 자해를 생각하고 있다고 해도 나 자신에게 상처를 낼 필요는 없다고 스스로에게 말해라.

나는 긍정적인 일을 할 수 있다:</td><td>내 자신에게 노트를 써라.

"나는 상처 입힐 자격이 없다."</td></tr>
</table>

여러분은 항상 자신을 해치지 않는 편을 선택할 수 있습니다.
여러분의 몸을 통제할 수 있을지를 결정하는 것은 여러분에게 달려있습니다!

나의 자해 촉발요인

자해로부터 회복하는 단계 중 하나는 무엇이 자신을 해치게 하는가를 분명하게 이해하는 것입니다. 이런 촉발요인을 인식함으로써, 자신의 자해행동 기능을 명확하게 알 수 있을 것입니다. 당신은 그러한 욕구를 충족시키고 자신을 다치게 할 가능성을 줄일 수 있는 다른 방법을 배울 수 있습니다. 자해는 감정적 고통을 다루기 위해 가장 흔하게 사용하는 방법입니다.

자해행동의 촉발요인을 이해하는 첫 번째 단계는 자해를 하게 하는 감정을 확인하는 것입니다. 아래에 경험하는 감정들, 왜 이런 감정을 느끼는지, 그리고 이런 감정을 더 잘 관리할 수 있는 방법들을 기록하십시오. 이름은 별칭을 사용하십시오.

나의 감정	이런 감정의 원인	보다 효과적인 대처 방법
예: 외로움	내 애완동물의 죽음	동물보호소의 다른 애완동물을 보러가기
화		
불안하거나 스트레스가 심한		
부끄러움이나 당황스러운		
공허함 또는 무감동		
무서운		
좌절한		

죄책감		
무력감 또는 절망감		
외로움		
슬픔		
기타		

보다 효과적인 대처 방법은 전문가와 논의하십시오.

자해와 관련된 일련의 행동 바꾸기

자해를 하는 대부분의 십대청소년들은 특정의 시간, 장소, 행동을 포함하여 반복적인 행동습관에 따라서 자해행동을 합니다. 자해를 막기 위해서는 자신의 구체적인 일상행동 패턴에 대한 파악이 중요합니다. 일상적인 습관을 바꾸는 것은 아마도 여러분을 불편하게 할 수 있습니다. 이런 불편함은 무슨 일이 일어나고 있는지 자각하는 데 도움을 줄 수 있고, 자해를 멈추는 데 도움을 줄 수 있습니다.

자해행동과 관련된 일상의 작은 행동 하나하나를 나열하십시오.

(예: 집에 누가 있는지 확인하고 핸드폰을 끄고 전등을 끈다 등) 그 후에 나는…

<u>나의 자해행동패턴</u>

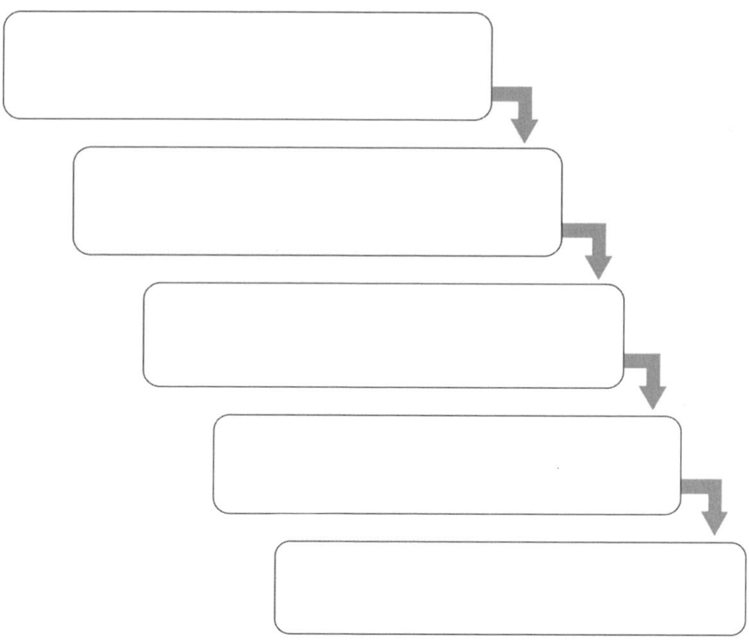

사고, 감정 그리고 행동

자해행동을 하게 하는 촉발요인과 종종 이런 촉발요인을 유발하는 사고패턴을 이해하는 데 도움이 되는 한 가지 방법은 사고·감정·행동 일지를 기록하는 것입니다. 사고는 종종 행동에 선행하는 감정보다 앞서기 때문에, 사고를 기록하는 것이 중요합니다(**나는 그것이 나의 잘못이라고 생각한다. 그래서 죄책감을 느끼고 … 자해를 했다**).

이런 감정을 적거나 경험을 그림으로 그리는 것은 자해로 이어지는 패턴을 분명하게 하는 데 도움이 될 것이며, 자신의 감정을 표현하고 생각을 처리할 수 있는 출구를 제공하는 데 도움이 될 것입니다.

자해하고 싶은 충동을 느낄 때, 혹은 실제로 자신을 해칠 때, 이런 행동을 하기 전에 있었던 상황·생각·감정을 쓰거나 그리시오.

이 연습의 목표는 생각과 생각이 어떻게 부정적인 감정과 행동으로 이어지는지를 더 잘 아는 것입니다.

(다음 페이지에 계속)

자해충동을 느끼고 자해를 한 시간

생각을 바꾸기

당신의 부정적인, 그리고 어쩌면 비현실적인 생각은 자해행동의 핵심이 될 수 있습니다. 부정적인 감정을 느끼기 시작하고 자신을 해칠 생각이 들기 시작할 때 생각을 바꿀 수 있는 방법은 다양합니다. 이 모든 것을 시도해 보고 자신에게 가장 효과적인 것을 고르시오.

생각을 바꾸기 위해 이 모든 기술들을 어떻게 시도할 수 있는지 쓰시오(별칭사용).

도전: 부정적인 생각에 도전할 수 있습니다(예: 다 내 잘못이었어!). 이를 통해 부정적인 생각들 중 많은 것들이 사실이 아니라 단지 그 당시 진실이라고 느낀 것뿐이었음을 알게 될 것입니다(예: "내 잘못이 아닐지도 모른다. 어쩌면 그것은 내가 통제할 수 없는 것이었는지도 모른다.").

___

___

___

정지: 만약 부정적인 생각의 소용돌이 속에 있는 자신을 발견한다면, "정지!"라는 단어를 생각하고(심지어 소리 낼 수도 있다) 여러분의 생각을 다른 것으로 바꾸십시오.

___

___

___

재구성: 부정적인 생각을 재구성할 수 있습니다. 재구성을 위해서는 상황에 대한 해석을 바탕으로 새로운 의미를 부여해야 합니다(예: "그녀를 위해 더 많이 갔어야 했어."라는 생각을 "나도 가족을 돌봐야 했어.", "나는 가능한 한 그녀를 위해 그곳에 있었다."라고 재구성).

대체하기: 부정적인 생각을 긍정적인 것으로 대체할 수 있습니다(예: "나는 끔찍한 사람이다."라는 생각을 "나는 그 특정한 순간에 할 수 있는 최선을 다한 좋은 사람이다."로 대체).

자해에 대한 대안들

자해는 일부 십대청소년들이 불쾌한 감정과 어려운 상황에 대처하는 방법입니다. 자해행동을 멈추기 위해서, 스스로를 해치고 싶을 때 다르게 대응할 수 있는 효과적이고 대안적인 대처 방법을 가질 필요가 있습니다. 당장은 주의분산이 평온함을 유지하는 데 효과가 있으며, 자해 충동에 압도된다고 해도 이 대처 방법들이 육체적으로 안전하게 지켜줄 것입니다.

아래에 열거된 것은 자해에 대한 몇 가지 대안입니다. 기꺼이 시도해 볼 만한 것들에 체크하십시오.

- □ 좋은 친구에게 연락하기
- □ 향이 강한 껌 씹기
- □ 집에 있는 방을 청소하기
- □ 느낀 감정을 시나 편지로 쓰기
- □ 옛 친구에게 연락하기
- □ 얼음을 깨물어 먹기
- □ 기뻐서 춤추기
- □ 매운 음식을 먹기
- □ 격렬한 운동하기
- □ 감정을 글로 표현하기
- □ 깡통을 납작하게 만들어서 재활용하기
- □ 체육관에 가서 펀칭 백을 치기
- □ 큰소리로 10까지 숫자 세기
- □ 하루 중 힘든 시간을 위한 활동계획 세우기
- □ 열광적으로 스포츠 즐기기
- □ 신뢰할 수 있는 가족 구성원에게 연락하기
- □ 스팸메일 삭제하기
- □ 동네 주변 달리기
- □ 베개로 입 가리고 소리 지르기
- □ 이미 찢어진 옷가지를 찢기
- □ 찬물로 세수하기
- □ 공(스트레스 해소용) 꽉 움켜잡기
- □ 무거운 신발을 신기

- □ 온라인 셀프 도움말 웹 사이트로 이동하기
- □ 줄넘기
- □ 잔잔한 음악을 듣기
- □ 목·손·발을 마사지하기
- □ 명상하기
- □ 사무실 공간을 정리하기
- □ 그림을 그리거나, 조각하거나, 감정을 그리기
- □ 동물을 귀여워하기
- □ 레몬을 빨아먹기
- □ 찬물로 샤워하기
- □ 신문을 찢기
- □ 따뜻한 담요로 몸을 감싸기
- □ 부정적인 감정을 적은 종이 찢어 버리기
- □ 기타 ______________________
- □ 기타 ______________________
- □ 기타 ______________________
- □ 기타 ______________________

자해행동을 할 것 같은 충동이 있으면, 이 목록을 다시 살펴보십시오.

4D's

지연하기(Delay), **주의 분산하기**(Distract), **전환하기**(Divert), **진정시키기**(Defuse)

자해행동을 생각하게 될 때, 십대청소년들이 자해 충동을 극복하도록 돕는 데 효과적이었던 네 가지 기술을 고려해보십시오.

이것을 4D라고 합니다. 다음의 빈 곳에 이 네 가지 기술을 각각 어떻게 사용할 수 있을지 설명하십시오.

자해를 극복하는 방법	구체적인 방법
지연하기 (예: 지지하는 사람과 대화할 수 있을 때까지 자해 지연하기)	
주의 분산하기 (예: 걷기)	
전환하기 (예: 자해와 비슷한 효과를 나타내는 큰 음악을 틀거나 춤을 추는 것과 같은 자신에게 해를 끼치지 않는 활동을 찾아보기)	
진정시키기 (예: 심호흡하기)	

자신을 돌보기

긍정적인 사고방식을 유지하는 한 가지 방법은 자신에게 친절할 수 있는 방법을 찾는 것입니다. 우리는 종종 너무 바쁘고, 일상적인 것에 너무 몰두하고, 때로는 우리를 둘러싸고 있는 부정적인 것들에 사로잡혀, 우리 자신을 돌보는 것을 잊습니다.

자신에게 상처를 내고 싶은 충동을 느낄 때 스스로 할 수 있는 기분 좋은 것들이 있다면 체크하십시오.

- □ 친구랑 영화 보러가기
- □ 콘서트에 가기
- □ 새로운 취미 시작하기
- □ 비눗방울 불기
- □ 가족과 만나기
- □ 옷장 정리하기
- □ 옛 친구에게 편지 쓰기
- □ 감사 목록 작성하기
- □ 잘 읽히는 책 편하게 읽기
- □ 내가 가장 좋아하는 게임찾기
- □ 심호흡 연습하기
- □ 자선단체에 돈이나 물건기부하기
- □ 날씨를 즐기기
- □ 집에서 운동하기
- □ 특별한 사람에게 사랑을 표현하기
- □ 농담을 찾거나 재미있는 동영상 보기
- □ 거품목욕하기
- □ 맛있는 요리해서 먹기
- □ 10분 동안 낮잠 자기
- □ 꿈과 같은 휴가 계획하기
- □ 꽃 기르기
- □ 악기 연주하기
- □ 해야 할 일의 우선순위를 정하기
- □ 집에 꽃꽂이하기
- □ 지원담당자 또는 단체에 연락하기
- □ 자신의 삶에서 긍정적인 면을 생각해 보기
- □ 중단했던 취미를 다시 시작하기
- □ 대중교통으로 특별한 곳에 가기
- □ 노래를 부르거나 휘파람 불기

- □ 조용한 시간 찾기
- □ 일을 끝내기
- □ 뜨거운 차 한 잔 준비하기
- □ 체육관에 가기
- □ 볼링을 치기
- □ 돈을 많이 쓰지 않고 쇼핑하기
- □ 애완동물과 재미있게 놀기
- □ 내가 아끼는 사람 안아주기
- □ 지지 그룹에 가입하기
- □ 매일 감정 기록하기
- □ 뒤로 누워서 구름 지켜보기
- □ 향초 켜기
- □ 이완 테이프 듣기
- □ 좋아하는 노래 부르기
- □ 그늘진 나무 밑에 앉아 쉬기
- □ 수영하기
- □ 빗속 걷기
- □ 관광 안내책자 보기
- □ 도서관에서 독서하기
- □ 공원을 산책하기
- □ 일출이나 일몰 보기
- □ 실내 식물에 물주고 관리하기
- □ 정원 꾸미기
- □ 윈도우 쇼핑하기
- □ 조각그림 퍼즐 맞추기
- □ 창조적으로 글쓰기
- □ 기타 ______________________

자해하고 싶은 충동을 느낄 때 이 목록을 다시 한 번 살펴보십시오!

건강한 자기대화와 건강하지 못한 자기대화 즐기기

자기대화는 머릿속에서 스스로에게 하는 말입니다. 내면의 목소리 즉 혼잣말 하는 방식입니다. 자기대화는 건강에 해로울 수도 있고("나는 나쁜 사람이다" 또는 "모든 것은 내 잘못이었다") 건강에 좋을 수도 있습니다("나는 정말 좋은 사람이다!" 또는 "나는 다른 사람들에게 제공할 것이 많다"). 긍정적인 전망과 자존감, 전반적인 행복을 유지하기 위해서는 건강하지 못한 자기 말을 줄이고 건강한 자기 말로 대체할 필요가 있습니다.

풍선모양 안에 건강하지 못한 자기대화를 넣어서 그림을 그리세요.

이제, 풍선모양 안에 건강한 자기대화가 들어있는 그림을 그리세요.

다음의 네 가지 중요한 내용을 기억하십시오.

1. 자해를 하거나 부정적인 자기대화를 하는 것은 결코 여러분의 문제를 해결할 수 없습니다. 여러분에게는 대안이 있습니다!
2. 자신을 해치지 않는 방식으로 분노, 슬픔, 불안을 극복하고 대처할 수 있습니다.
3. 자신의 선량함을 끊임없이 상기시킬 필요가 있습니다.
4. 거울이나 컴퓨터에 건강한 자기대화 사진을 올려서 자기대화를 수행할 수 있습니다.

자해에 대한 인용문

아래에 있는 인용문들이 여러분에게 무엇을 의미하는지 그리고 각각의 인용문들이 여러분의 삶에 어떻게 적용되는지 설명하십시오.

당신은 스스로에게 '나는 건설적인 제안에만 반응할 것이다.'라고 되뇌어야 한다. 이것은 당신의 부정적인 생각과 다른 사람들의 부정적인 생각에 저항할 수 있는 무기가 되어줄 것이다.

— 제인 로버츠(Jane Roberts)

___

___

___

극도의 스트레스와 역경을 겪는 동안에는 당신의 분노와 에너지를 긍정적인 것으로 돌리기 위해 바쁘게 지내는 것이 언제나 최선이다.

— 리 아이아코카(Lee Iacocca)

___

___

___

일단 부정적인 생각을 긍정적인 생각으로 바꾸면,
긍정적인 결과를 얻기 시작할 것이다.

— 윌리 넬슨(Willie Nelson)

02

청소년 자살과 자해예방 전문가지침서

경고신호

02 경고신호

전문가를 위한 안내

자살을 생각하고 있는 사람들은 보통 주위 사람들에게 몇 가지 단서와 신호를 나타냅니다. 때때로 이런 징후는 매우 명백하거나(소지품을 나눠주는 등) 매우 미묘할 수 있습니다(서서히 다른 사람들로부터 철수하는 등). 자살 예방은 여러 가지 경고신호를 알아차리고, 이를 심각하게 받아들이고, 지지 체계를 동원하여, 긍정적인 행동을 취하는 것으로 시작합니다.

경고신호는 자해가 만연해있거나 자살 생각을 나타내는 증거가 될 수 있음을 나타냅니다. 경고신호는 또한 즉각적인 자살 위험을 경고할 수 있습니다.

다음과 같은 경고신호를 보이는 사람에게는 여러분의 관심과 도움이 절실히 필요합니다.

- 자해와 관련된 생각
- 자해와 관련하여 경험하는 감정
- 자신을 해치고 싶어한다는 것을 나타내는 행동

자살을 생각하는 모든 사람이 자살에 대해 이야기하지 않을 것이고, 자살을 위협하는 모든 사람들이 자살을 시도하지도 않을 것입니다. 그러나 자해 또는 자살의 모든 조짐이나 경고신호는 심각하게 받아들일 필요가 있습니다.

이번 장은 내담자가 다음과 같은 행동을 하도록 도와주는 데 도움이 될 것입니다.

- 경고신호 및 촉발요인 평가 및 탐색하기
- 생각, 감정, 행동이 어떻게 자살 생각의 신호인지 발견하기
- 미래의 희망을 줄 수 있는 삶의 측면을 모색하기

개인 및 소그룹과 함께 일하는 전문가를 위한 치료 계획

아래의 각 항목은 이번 장의 평가 또는 활동 페이지와 관련되며, 개인 또는 소규모 그룹과 함께 작업할 때 각 연습에 적용할 수 있는 추가 방법을 제시합니다. 각 활동은 전문가의 재량에 따라 사용할 수 있으며, 유인물을 사용한 후 참가자가 각 페이지에서 다루는 자료와 관련된 학습을 진행하도록 도울 수 있습니다.

77쪽	나의 생각진단
개인	제시된 문항들에 응답하며 자살 경고신호일 수 있는 생각을 자세히 설명한다.
소규모 그룹	전문가 및 참가자들과 의논하여 이야기를 나눌 신뢰하는 사람을 찾는다.
79쪽	나의 감정진단
개인	제시된 문항들에 응답하며 자살 경고신호일 수 있는 감정을 자세히 설명한다.
소규모 그룹	전문가 및 참가자들과 함께 가장 강렬한 감정 세 가지와 그에 따른 상황을 이야기한다.
81쪽	나의 행동진단
개인	제시된 문항들에 응답하며 자살 경고신호일 수 있는 행동을 자세히 설명한다.
소규모 그룹	전문가 및 참가자들과 함께 가장 문제가 되는 행동을 이야기하고 대안적 행동을 의논한다.
83쪽	나의 고통 그려보기
개인	자신의 감정적 고통을 묘사하거나 캐리커처를 그려보고, 이야기를 나눌 신뢰하는 사람을 찾는다.
소규모 그룹	경험하고 싶은 긍정적인 감정을 여섯 단어로 묘사하고, 그룹구성원들과 이야기를 나눈다.

85쪽	갇힌 느낌이 드는가?
개인	갇힌 느낌과 취해야 할 긍정적인 행동을 둘러싼 상황을 설명한다.
소규모 그룹	갇혔다고 느끼다가 건강한 방법으로 탈출하는 허구의 인물을 함께 창조한다.
87쪽	촉발 생각
개인	자해 충동을 촉발할 수 있는 개인 및 환경 스트레스 요인을 식별한다.
소규모 그룹	가장 강렬한 스트레스 요인을 공유한다. 참가자들은 그 상황과 감정을 관리할 긍정적인 방법을 제안한다.
89쪽	희망을 가져도 될 이유
개인	각자의 삶에서 긍정적인 사람들과 희망적인 상황을 묘사한다.
소규모 그룹	희망 모임: 각 참가자가 희망을 주는 사람에 대한 정보를 공유하고 다음 모임에서는 희망적인 상황에 대한 의견을 공유한다.
91쪽	전에도 해냈으니 다시 할 수 있다!
개인	어려운 상황·관계, 상실, 인생의 큰 변화를 극복했던 긍정적인 방법을 이야기한다.
소규모 그룹	파트너나 패널이 하나의 항목에 대해 논의하면 그룹 구성원이 관찰하고 피드백을 제공한다.
93쪽	미래를 위한 긍정적인 목표를 정하기
개인	삶에 의미를 부여하는 개인적·직업적 목표와 그것을 성취할 방법을 찾는다.
소규모 그룹	내 목표를 맞춰보기: 맨 위의 '내 목표'를 제외한 답변을 공유한다. 참가자들이 가려져 있는 목표를 추측한다.
95쪽	감정 다루기
개인	촉발요인을 피하고 생각을 바꾸며 힘겨운 상황에 대한 반응을 변화시킬 방법을 계획한다.
소규모 그룹	각 팀이 한 가지 주제를 이야기 한다: 촉발요인, 생각의 변화, 반응의 변화

97쪽	내 삶에는 목적이 필요하다
개인	어려움에도 불구하고 성취감을 맛볼 수 있는 목적을 발견하도록 하는 문장을 완성한다.
소규모 그룹	자신의 역경을 딛고 다른 사람을 도우려는 동기를 갖게 된 사람들을 조사하거나 토론한다.
99쪽	사람들은 연결이 필요하다
개인	연락할 수 있는 지지적인 사람들과 그들이 도와줄 수 있는 방법을 찾는다.
소규모 그룹	지지적인 사람들을 정의하는 자질과 지지 체계를 개발할 방법에 대해 논의한다.
101쪽	분명히 대안이 있다
개인	'나는 … 할 수 있다' 글상자를 완성하여 사용 가능한 자원을 확인하고 대처 기술을 개발한다.
소규모 그룹	더 이상 새로운 대안이 나오지 않을 때까지 돌아가며 자해를 대신할 수 있는 긍정적인 대안을 이야기한다.
103쪽	자기에 대한 사랑
개인	일부 개선이 필요한 자질을 포함하여 스스로 좋아하는 자신의 특성을 적는다.
소규모 그룹	생각, 감정, 행동의 변화를 촉진하면서 자기애를 드러내는 자화자찬 문구를 만든다.
104쪽	압도당한다고 느낄 때
개인	잠재적인 자해 방법을 제거하고 연락할 수 있는 지지자를 명시하여 안전 계획을 작성한다.
소규모 그룹	현재의 힘겨운 상황에서 우선순위를 재조정하여 생명과 희망을 유지할 방법을 논의한다.
106쪽	자살을 생각하고 있는가?
개인	심각한 자살 계획의 지표들에 '예' 또는 '아니오'로 답한다. 신뢰할 수 있는 사람과 이야기를 나누기로 약속한다.
소규모 그룹	한 개 이상 항목에 '예'라고 응답한 사람은 전문가와 만나 추가적인 평가를 받는다.

108쪽	경고신호에 대한 인용문
개인	자살이 일시적인 문제에 대한 영구적인 해결책이란 인용문을 자신의 상황에 적용해본다.
소규모 그룹	그 후에 어려운 상황에서도 삶과 희망을 키우는 자신만의 지혜로운 인용문을 공유한다.

참가자를 위한 안내

경고신호는 자해가 만연해있거나 자살 생각의 근거가 될 수 있음을 나타냅니다. 또한 경고신호는 즉각적인 자살 위험을 경고할 수도 있습니다. 이런 경고신호를 보이는 사람에게는 관심과 도움이 절실히 필요합니다.

자살을 생각하는 모든 사람이 자신의 자살생각을 이야기하지는 않을 것이며, 자살위협을 하는 모든 사람들이 끝까지 자살위협을 하지는 않습니다. 자해와 자살의 모든 조짐과 경고신호는 심각하게 받아들여져야 합니다.

자살 경고신호 검사

안 내

다음의 세 가지 자살 경고신호 검사는 구체적인 경고신호를 식별하는 데 도움이 되도록 만들었습니다.

검사 1-나의 생각
검사 2-나의 감정
검사 3-나의 행동

각 문장을 읽고 그 내용이 자신과 얼마나 가까운지 결정하십시오.

신중히 생각한 후 항목 옆에 체크 표시를 하십시오.
원한다면 각 문항 옆에 해당 내용을 기록하십시오.

세 가지 검사의 아래 부분에 있는 빈 곳을 완성하십시오.

- 이것은 시험이 아닙니다.
- 옳고 그른 답이 없습니다.
- 답을 생각하는 데 너무 많은 시간을 사용하지 마십시오.
- 반드시 모든 문항을 읽고 해당하는 것에 체크하십시오.

(다음 페이지를 넘겨 시작하십시오.)

나의 생각검사

여러분에게 해당되는 문항 옆의 네모 안에 체크 표시를 하십시오. 원한다면 각 문항 옆에 해당 내용을 기록할 수도 있습니다.

나는 다음과 같은 생각을 한다.

□ 우리 가족에게 짐이 되고 있다.
□ 자살 계획을 세우고 있다.
□ 죽는 것이 지금 내가 느끼는 것보다 더 나쁠 수는 없다.
□ 내 고통을 끝내는 것에 대해 생각한다.
□ 너무 많은 고통을 경험한다.
□ 갇힌 느낌이 든다.
□ 포기하는 것을 생각한다.
□ 나 자신을 해치는 것을 생각한다.
□ 내 인생에 목적이나 의미가 없다.
□ 얼마나 많은 정서적 고통을 견딜 수 있을까?
□ 얼마나 많은 신체적 고통을 견딜 수 있을까?
□ 내가 죽는다고 누가 신경을 쓸까?
□ 죽을 준비를 하고 있다.
□ 재정적인 문제를 고민한다.
□ 더 이상 살 이유가 없다.
□ 친구들에게 너무 많이 의존한다.
□ 내가 살아가는 목적이 아무것도 없다고 생각한다.
□ 내가 죽을 수 있는 방법을 생각한다.

□ 내가 사랑하는 사람들은 어떻게 될까?
□ 사람이 죽으면 가는 곳을 생각한다.
□ 내가 이미 친구들을 잃은 것은 아닐까?
□ 왜 나의 소유물이 필요하고 누가 그것들을 받을 것인가?

이 페이지에 적은 내용을 이야기할 수 있는 사람이나 신뢰할 만한 전문가는 누구입니까?

(예: 정신건강 전문가나 의료 전문가, 긍정적 지원 체계나 집단, 현명한 친구나 가족, 정신적 또는 종교적 지도자 등)

____

____

____

그런 사람들 중 한 명 이상과 이야기하기로 약속할 수 있습니까? ________

언제? ____________________

이름 ____________________ 일자 ____________________

나의 감정검사

당신이 느끼는 감정의 항목 옆의 네모 안에 체크 표시를 하십시오.
원한다면 각 항목 옆에 해당 내용을 기록할 수도 있습니다.

나는 종종 다음과 같이 느낀다.

□ 모욕적인
□ 공격적인
□ 초조한
□ 완전히 혼자인
□ 분노한
□ 불안한
□ 죽음을 생각하면 진정되는
□ 공허한
□ 무가치한
□ 희망이 없는
□ 굴욕적인
□ 감정 기복이 심한
□ 짜증난
□ 외로운
□ 슬픔이 오래 지속되는
□ 이젠 아무것도 중요하지 않음, 심지어 나조차도
□ 압도당한

□ 폭발 직전, 격분한
□ 수치스러운
□ 항상 피곤한
□ 대부분 일에 무관심한
□ 사랑받지 못한
□ 포기할 생각을 하면 매우 행복한
□ 남들이 원하지 않음

이 페이지에 적은 내용을 이야기할 수 있는 사람이나 신뢰할 만한 전문가는 누구입니까?

(예: 정신건강 전문가나 의료 전문가, 긍정적 지원 체계나 집단, 현명한 친구나 가족, 정신적 또는 종교적 지도자 등)

____

____

____

그런 사람들 중 한 명 이상과 이야기하기로 약속할 수 있습니까? ________

언제? ____________________

이름 ____________________ 일자 ____________________

나의 행동검사

자신에게 해당되는 행동 옆의 네모 안에 체크 표시를 하십시오.
원한다면 각 항목 옆에 해당 내용을 기록하십시오.

나는 다음과 같은 행동 변화를 겪고 있다.

□ 폭식(음식, 술, 마약, 운동 등)
□ 계속되는 울음
□ 괴팍함, 내가 아끼는 사람들에게도
□ 위생이나 자기관리에 대한 관심 저하
□ 자해의 욕구
□ 내 개인적·직업적 목표 포기
□ 내 소유물 나눠주기
□ 거식과 폭식의 반복
□ 관계의 문제
□ 충동적인 행동
□ 물질 남용의 시작 또는 증가
□ 내가 아끼는 사람들로부터 고립
□ 직장에서 문제 발생
□ 무모한 반응
□ 오랜 친구와 다시 연락
□ 너무 많이 자거나 너무 적게 잠
□ 평소 활동에서 서서히 물러나기

□ 잠들려고 애씀
□ 나만의 방식으로 사람들에게 작별을 고함
□ 개인적인 신변 정리
□ 집중력에 문제
□ 같은 옷을 오랫동안 입음
□ 가족으로부터 멀어짐

이 페이지에 적은 내용을 이야기할 수 있는 사람이나 신뢰할 만한 전문가는 누구입니까?

(예: 정신건강 전문가나 의료 전문가, 긍정적 지원 체계나 집단, 현명한 친구나 가족, 정신적 또는 종교적 지도자 등)

____

____

____

그런 사람들 중 한 명 이상과 이야기하기로 약속할 수 있습니까? ________

언제? ____________________

이름 ____________________ 일자 ____________________

나의 고통 그려보기

많은 십대청소년들은 자신들이 대처할 수 없을 것 같은 극심한 정서적 고통을 느낍니다. 그 고통은 피할 수 없는 것처럼 보이고 사라지지 않을 수도 있습니다. 고통을 통제할 수 있는 한 가지 방법은 상상력을 동원해서 정서적 고통이 어떻게 보이는지를 그림이나 캐리커처로 그리는 것입니다.

연필, 마커, 크레파스, 분필 등을 사용하여 아래 상자에 여러분 자신을 표현해 보십시오.

이 그림을 보여주고 이야기할 수 있는 사람이나 신뢰할 만한 전문가는 누구입니까?

(예: 정신건강 전문가나 의료 전문가, 긍정적 지원 체계나 집단, 현명한 친구나 가족, 정신적 또는 종교적 지도자 등)

____

____

____

그런 사람들 중 한 명 이상과 이야기하기로 약속할 수 있습니까? ________

언제? ____________________

이름 ____________________ 일자 ____________________

덫에 걸린 느낌

상처를 입고 자해할 생각을 하는 사람들은 종종 현재 자신이 처한 어려운 상황에서 벗어날 방법이 없다고 느낍니다.

현재 상황에 갇혀 있다고 느끼는 몇 가지 방식을 생각해보고 헤어나오기 어렵다고 생각되는 어려움에서 벗어날 몇 가지 방법을 찾아보십시오.

내 현재 상황 예: 나는 음주운전으로 다른 차에 탄 사람을 다치게 했다.
사람 예: 그 사람은 현재 입원 중이다.

<table>
<tr><td>느낌
예: 죄책감, 나 자신에 대한 분노, 좌절, 혼란</td></tr>
<tr><td>가능한 조치
예: 다친 사람과 그의 가족들에게 사과한다. 약물 남용 프로그램에 등록한다. 손해 배상을 한다. 음주운전의 위험성에 대해 젊은이들과 이야기하는 데 인생을 바친다.</td></tr>
</table>

촉발적인 생각

특정한 사건, 소리, 다른 사람의 행동이 부정적인 감정 반응의 원인이 되거나 유발될 때 두려움, 슬픔, 공황 상태, 플래시백, 고통 등의 반응이 촉발될 수 있습니다. 촉발적인 생각은 개인적인 또는 환경적인 스트레스 요인이 되어 자해의 위험을 높이는 경향이 있습니다. 자해 생각을 촉발하는 조건이나 사건을 명확하게 인지하는 것은 매우 중요합니다.

자신에게 부정적인 생각을 촉발하는 몇 가지 사건이나 상황을 찾아보십시오. 그 옆에 왜 그런지 이유를 쓰십시오. '기타' 란에는 여러분 특유의 촉발요인을 쓰십시오.

□ 갈등____

□ 실패____

□ 죄책감______________________________________

□ 무망감______________________________________

□ 고립감______________________________________

□ 아무 이유 없음________________________________

□ 임신____

□ 중병____

□ 성적 정체성__________________________________

□ 사회적 당혹감________________________________

□ 약물 남용______________________________

□ 전환기 또는 변화______________________________

□ 트라우마 기념일______________________________

□ 기타______________________________

□ 기타______________________________

□ 기타______________________________

□ 기타______________________________

희망을 가져도 될 이유

사람들은 삶에서 부정적인 면에 연연하기 쉽습니다. 현재의 삶에 갇혀 있다고 느끼는 많은 사람들은 종종 삶의 긍정적인 면을 잊어버립니다. 감사해야 할 일이 많고, 따라서 희망을 가질 이유가 많다는 점을 스스로 상기시키기 위해 긍정적인 사람들에 대해 생각하며 시간을 보내는 것이 중요합니다.

삶에서 긍정적인 사람 몇 명을 적고, 할 수 있다면 그들이 왜 여러분의 미래에 대한 희망을 줄 수 있는지를 설명하십시오!

내 인생에서 긍정적인 사람들	이 사람은 어떻게 내게 희망을 주는가?	나는 어떻게 그 희망을 붙잡을 수 있을까?
예: 새로 태어난 손주	내 딸과 사위는 훌륭한 부모이고, 나는 손주가 특별한 사람으로 자랄 것을 안다. 아이가 웃으면 나도 웃는다.	나는 희망을 놓치지 않고 경솔한 행동을 하지 않으려고 노력한다. 한편, 나는 손주의 생일에 찾아가기 위해 도움을 받을 수 있다.

인생에서 희망적인 상황 몇 가지를 적고, 할 수 있다면 그런 상황들이 왜 여러분의 미래에 대한 희망을 줄 수 있는지를 설명하시오!

내 인생의 희망적인 상황	이 상황은 어떻게 내게 희망을 주는가?	나는 어떻게 그 희망을 붙잡을 수 있을까?
예: 나는 나의 친구처럼 간호사가 되고 싶다.	나는 우리 동네에서 우수한 대학에 들어갈 수 있는 좋은 기회를 가졌다.	나는 좋은 성적을 얻기 위해 필요한 것과 아침에 조사해야 하는 것들의 목록을 작성할 것이다.

이 페이지에 적은 내용을 이야기할 수 있는 사람이나 신뢰할 만한 전문가는 누구입니까?

(예: 정신건강 전문가나 의료 전문가, 긍정적 지원 체계나 집단, 현명한 친구나 가족, 정신적 또는 종교적 지도자 등)

____

____

____

____

전에도 해냈으니 다시 할 수 있다!

누구나 극복해야 할 어려운 상황, 원만하지 못한 대인 관계, 사람이나 애완동물의 상실, 압도적인 변화 등이 있습니다. 그리고 그것을 극복하고 앞으로 나갈 때가 있습니다. 여러분의 인생에서 힘들었던 시절과, 비록 시간이 오래 걸렸더라도 그 시절에 잘 대처했던 방법에 초점을 맞추어 보십시오.

1. 당신의 인생에서 일어났던 어려운 상황을 말해보세요.

   ____

   왜 그 상황에 대처했던 방식이 자랑스러운가요?

   ____

   그 힘든 시기를 헤쳐 나갈 수 있었던 당신의 특성은 무엇인가요?

   ____

2. 당신이 바라던 대로 되지 않은 관계를 말해보세요.

   ____

   왜 그 상황에 대처했던 방식이 자랑스러운가요?

   ____

   그 힘든 시기를 헤쳐 나갈 수 있었던 당신의 특성은 무엇인가요?

   ____

3. 당신의 인생에서 있었던 힘든 상실에 대해 말해보세요.

왜 그 상황에 대처했던 방식이 자랑스러운가요?

그 힘든 시기를 헤쳐 나갈 수 있었던 당신의 특성은 무엇인가요?

---

4. 당신의 인생에서 일어난 큰 변화에 대해 말해보세요.

왜 그 상황에 대처했던 방식이 자랑스러운가요?

그 힘든 시기를 헤쳐 나갈 수 있었던 당신의 특성은 무엇인가요?

미래를 위한 긍정적인 목표 정하기

목표는 삶의 희망·목적·의미를 제공합니다. 개인적인 목표나 직업적인 목표에 집중하기 시작할 때, 더 몰입하게 되고 우리 자신의 미래에 대해 더 낙관적으로 느끼게 됩니다.

자신을 위한 두 가지 목표, 즉 개인적 목표(당신 및 관계와 관련된 것), 직업적 목표(직업·자원봉사 생활과 관련된 것)를 정하고 그 목표를 달성하기 위해 노력하는 것이 중요합니다. 각각의 목표는 성취 가능해야 합니다. 그렇지 않으면 동기부여가 제한될 것입니다.

내 개인적 목표: ________________________________

____

____

내 개인적 목표에 도달하기 위해 필요한 두 세 가지 작은 목표: ________

____

____

내 개인적 목표를 위해 노력하는 방법: ________________

____

____

이 개인적 목표가 나에게 중요한 이유: ________________

____

____

이 개인적 목표가 나에게 희망, 목적 또는 의미를 제공하는 방식: ________

____

____

내 직업적 목표: ______________________________

____

____

내 직업적 목표에 도달하기 위해 필요한 두세 가지 작은 목표: ________

____

____

내 직업적 목표를 위해 노력하는 방법: ________________

____

____

이 직업적 목표가 나에게 중요한 이유: ________________

____

____

이 직업적 목표가 나에게 희망, 목적이나 의미를 제공하는 방식: ________

____

____

감정 다루기

감정은 우리 일상생활에서 필수적인 부분입니다. 친구의 문자메시지에 행복해하든, 출퇴근 시간의 교통체증에 답답해하든, 당신이 경험하는 감정 기복은 당신의 일상적 태도와 내면의 행복에 큰 영향을 미칠 수 있습니다. 일상의 넓은 범위의 긍정적이고 부정적인 감정을 다루는 법을 배우는 것은 중요한 삶의 기술입니다.

감정을 조절하는 방법

자신의 촉발요인(trigger)을 이해하라. 원치 않는 감정을 유발하는 상황은 피하도록 노력하라(예: 특정 노선을 주행할 때 교통체증에 화가 날 가능성이 있다는 사실을 알고 있다면 경로를 변경하라).

당신의 두세 가지 감정적 촉발요인은 무엇이며, 어떻게 이런 촉발요인을 피하려 노력할 수 있는가?

____

____

____

생각을 바꾸자. 자신의 가장 깊은 감정의 핵심에는 그 감정을 움직이는 생각과 믿음이 있다(예: 무언가를 상실했을 때 끔찍하게 슬프고 속상해한다).

생각을 바꾼다고 상황을 바꿀 수는 없더라도, 적어도 상황이 자신에게 영향을 미치고 있다고 믿는 방식과 그 상황에 대한 당신의 느낌은 바꿀 수 있습니다. 이렇게 하는 가장 좋은 방법은 불행으로 이어지는 부정적인 생각들을 기쁨이나 적어도 수용으로 이끄는 생각들로 간단히 대체하는 것입니다. 예를 들면, “시계를 잃어버려서 슬프다.” 대신 “시계를 잃어버렸지만, 그것은 단지 물건일 뿐이다. 물건은 대체할 수 있다. 누구나 가끔 물건을 잃어버린다!”로 바꿀 수 있습니다.

아래 빈 칸을 사용하여 자신과 상황에 대한 부정적인 생각 몇 가지를 확인해 보시오. 그런 다음 보다 긍정적이고 현실적인 생각으로 바꿔보십시오.

낡은 부정적인 생각들	새로운 긍정적이고 현실적인 생각들
______________________	______________________
______________________	______________________
______________________	______________________

여러분의 반응을 바꿔보십시오. 바꿀 수 없는 일들에 직면했을 때, 상황에 대한 감정적 반응을 조절할 수 있을 것입니다.

마음을 가라앉히기 위해 눈을 감으세요. 숨을 들이쉬고, 다섯까지 세고, 입을 다물고, 코로 숨을 내쉬는 동안 숫자를 세어 보세요. 숫자 세는 것에 집중하면 긴장이 풀릴 것입니다! 촉발요인에 대한 감정적인 반응을 피할 수 있을 것입니다. 이것을 어떻게, 언제 할 것인가요?

____

____

____

____

내 삶에는 목적이 필요하다

삶에 특정한 목적을 가지면 부정적인 감정·생각·행동을 촉발하는 상황에서 벗어나는 데 도움이 될 수 있습니다. 목적은 무의미해 보이는 삶에 의미를 부여합니다. 목적은 부정적인 일들이 일어나고 있을 때도 삶에서 성취감을 느끼게 합니다.

삶에서 목적을 가지고 있다는 것은 중요합니다. 다음 문장의 빈곳을 채워 문장을 완성하십시오.

내 인생의 진정한 목적은 ______________________________

____

____

내 인생에서 사건이 일어났고 그 일로 타당화되는 나의 목적은 __________

____

____

내가 이 세상에 온 것은 ______________________________

____

____

나의 능력은 ______________________________

____

____

내가 사람들을 가장 잘 도울 수 있는 방법은 ______________

____

____

내가 만족감을 느낄 때는 ______________________

____

____

나의 현재 또는 미래의 직업, 또는 자원봉사가 삶의 목적에 기여할 방법은

____

____

____

우리 가족이 나의 삶의 목적에 도움을 줄 방법은 ______________

____

____

십대청소년들은 연결이 필요하다

십대청소년들은 우울하고 삶의 의미가 제한적이라고 느낄 때, 스트레스와 무엇인가에 갇혀 있다는 느낌이 들 때, 종종 다른 사람들과 교류하고 싶어 하지 않습니다.

이것은 좋은 전략이 아닙니다!

이때야말로 다른 사람들과 연결되거나 다시 연락하는 것이 매우 중요한 시점입니다.

아래 표를 완성하여 연결될 수 있는 새로운 사람들을 찾아보십시오. 그들은 아마 당신을 도울 수 있는 가족, 친구, 전문가일 것입니다.

연락하고 싶은 사람들 별칭사용	이유	연락하면 어떻게 도움이 될까?
예: 지난 달에 13년 된 개가 죽었다.	나의 12살 된 개도 며칠 전에 죽었다.	내가 어떤 느낌인지 그녀가 이해하기 때문에 내 상실에 대해 그녀에게는 털어놓을 수 있었다.

아래 표를 완성하여 다시 연락할 수 있는 사람들을 찾아보시오. 그들은 아마 당신을 도울 수 있는 가족, 친구, 전문가일 것입니다.

다시 연락하고 싶은 사람들 별칭사용	이유	어떻게 도움이 될 것인가?
예: 그녀는 2년 전에 나의 치료자였다.	나는 그녀와 이야기하는 시간이 필요하다. 그녀는 매우 도움이 된다.	그녀는 매우 배려가 깊고 나의 배경을 안다. 내가 이것을 극복하는 데 도움을 줄 수 있다.

분명히 대안이 있다

십대청소년들이 자해나 자살을 하는 이유는 자해를 그들의 인생에서 유일한 대안이라고 보기 때문입니다. '전부' 아니면 '아무것도'와 같은 극단적인 사고방식은 사람들을 좋지 않은 의사결정으로 내몰 수 있음을 기억해야 합니다. 자살이나 자해만이 유일한 선택이 아님을 기억하는 것이 중요합니다.

아래 네모 안에 아직 사용하지 않은 자원이나 가능한 대처 기술을 써보시오.
(예: 당신과 통하는 치료사를 찾는다, 지지집단을 찾는다, 명상 수업을 듣는다, 당신의 논리적인 성격을 이용하여 문제를 효과적으로 해결한다, 평소 믿고 의지하는 사람과 대화한다, 요가를 배운다, 의사에게 진찰을 받는다, 정직해진다 등)

내가 할 수 있는 대안은 …

내가 할 수 있는 대안은 …

내가 할 수 있는 대안은 …

내가 할 수 있는 대안은 …

내가 할 수 있는 대안은 …

나는 다음 주 안에 여기에 쓴 대안을 2가지 이상 행동으로 옮겨볼 것을 약속한다.

이름 ______________________ 일자 ______________________

자기에 대한 사랑

자신에 대해 좋은 감정을 느끼고 자신을 사랑하는 것은 자해에 대해 가질 수 있는 온갖 압도적 감정과 생각들을 극복하는 데 결정적으로 중요합니다.

자기를 사랑하는 것은 다양한 방식으로 이루어집니다. 거기에는 당신의 지식, 성격, 관심, 특성, 능력, 성취 등이 포함될 수 있습니다. 또 당신이 성장할 수 있는 몇몇 영역을 찾는 것도 도움이 됩니다. 아무리 서투르거나 시간 관리를 못해도 자신을 사랑할 수 있습니다. 자기애는 진정한 자아를 사랑하고 자신을 개선하려는 노력에서 비롯됩니다.

아래 도형에 자신이 사랑하는 것들 중 일부를 묘사하는 단어를 쓰세요.

(예: 창의적, 근면함, 외향적, 역사에 대한 지식, 아이들을 사랑함, 예술가, 좋은 개 주인, 좋은 가족 구성원, 논리적, 온정적 등)

압도당한다고 느낄 때

모든 사람은 삶의 스트레스 요인으로 인해 압도당한다고 느끼는 시기를 대비할 계획이 필요합니다. 이것은 특히 자해나 자살에 대해 생각하는 사람들에게 중요합니다.

여러분에게는 자해로부터 안전하게 느끼고, 당신의 안전성을 보장할 수 있는 구체적인 방법이 필요합니다. 잠재적인 자해 도구를 모두 제거하고, 주변에 두는 의약품 양을 제한하고, 무모한 행동을 피하고, 친한 친구와 연락하고, 속마음을 털어놓을 의료 전문가를 두는 방법 등이 있습니다.

내가 안전하다고 느낄 방법	그 방법이 어떻게 도움이 될까?	최종 결과
예: 아버지의 총을 경찰서에 가져간다.	사용 불가능하다는 것을 알게 될 것이다	더 안전하다고 느낄 것이다.

때때로 어떤 상황에 압도당할 때, 즉 가장 깊은 어둠 속에 있을 때, 그때가 바로 여러분의 우선순위가 재조정되는 때입니다.

– 포비 스노우(Phoebe Snow)

위의 인용문은 여러분에게 어떤 의미가 있습니까?

____

____

____

____

____

____

자살을 생각하고 있는가?

가장 큰 경고신호 중 하나는 자살로 죽을 계획을 세우는 것입니다. 문제는 많은 사람들이 자해하기 전까지 죽음을 준비하고 있다는 것을 알지 못한다는 것입니다. 아래에 있는 빠른 평가를 해보면 의식적으로(또는 무의식적으로) 얼마나 많은 계획을 세웠는지 알 수 있습니다.

다음의 각 문항이 여러분의 행동을 나타내는 것에 따라 예 또는 아니오로 답하시오.

나는 내 가족의 자살력을 알아보았다.	예	아니오
나는 촉발적인 상황을 피하려는 노력을 그만두었다.	예	아니오
나는 긍정적인 대안에 대한 생각을 그만두었다.	예	아니오
나는 내 소지품의 일부를 나누어 주고 있다.	예	아니오
나는 몇몇 사람들에게 작별을 고했다.	예	아니오
나는 자살로 어떻게 죽을지에 대해 계획이 있다.	예	아니오
나는 더 이상 전문가의 도움을 구하지 않을 것이다.	예	아니오
나는 생의 마무리를 시작했다.	예	아니오

나는 최근에 유언장을 고쳐 썼다. 예 아니오

나는 나중에 사용하기 위해 유서를 썼다. 예 아니오

'예'라는 대답에 동그라미를 하나만 표시해도 자해의 위험이 있습니다.

정신건강 전문가 또는 의료 전문가, 긍정적 지지 체계나 집단, 현명한 친구, 가족, 정신적 또는 종교적 지도자 중 한 명 이상에게 연락하십시오. 해당 지역이나 국가의 자원 및 핫라인을 이용하십시오.

나는 ______________까지 ______________________________하기로 약속한다.

이름 ___________________________ 일자 __________________________

경고신호에 대한 인용문

다음 빈 칸에 이 인용문이 당신에게 어떤 의미인지, 그리고 당신의 삶에 어떻게 적용되는지를 적어보시오.

자살은 일시적인 문제에 대한 영구적인 해결책이다.

– 필 도나휴(Phil Donahue)

위에 기록한 내용을 누구와 공유하겠습니까?

제안: 정신건강 전문가나 의료 전문가, 긍정적 지원 체계나 집단, 현명한 친구나 가족, 정신적 또는 종교적 지도자, 해당 지역이나 국가의 자원 및 핫라인 등을 이용하십시오.

03

청소년 자살과 자해예방 전문가지침서

위험요인

03

위험요인

전문가를 위한 안내

자살생각을 하는 사람들은 종종 두 가지 독특한 요인인 위험요인과 보호요인이 상호작용하는 것을 경험합니다.

이런 요인들의 조합을 이해하고, 내담자와 상호작용하고, 내담자에게 개입할 때 두 요인 모두를 인지하고, 이런 요소들이 내담자들의 삶에 어떻게 영향을 미칠 수 있는지를 아는 것이 중요합니다.

위험요인: 개인적, 관계적, 직업적, 지역사회 및 사회적 요인들은 종종 내담자의 잠재적 자살 위험의 역할을 합니다. 위험요인은 자살과 관련된 특성이지만 직접적인 원인은 아닌 경우가 많습니다. 위험요인은 생물학적, 심리적, 가족적, 공동체적 또는 문화적 특성이며, 이는 자해나 자살시도 혹은 위기가 발생할 가능성을 증가시키는 경향이 있습니다. 이번 장의 내용은 내담자들이 자살생각을 하게 하는 그들의 독특한 위험 요인을 탐색하는 데 도움이 될 것입니다.

보호요인: 자살생각과 행동으로부터 사람들을 완충시키는 요인들의 조합입니다. 이 장에는 내담자의 자살행동을 완충하는 것에 도움이 되는 활동과 자기탐색 연습이 포함될 것입니다.

이 장은 내담자가 다음과 같은 작업을 수행하는 데 도움이 될 것입니다.

- 삶의 다양한 위험요인 평가 및 탐색하기
- 위험에 처하게 할 수 있는 요인을 더 세밀하게 잘 파악하기
- 대처기제와 유형을 강화할 수 있는 완충요인 및 보호요인 개발하기

개인 및 소규모 그룹과 함께 일하는 전문가를 위한 치료 계획

아래의 각 항목은 평가 또는 활동내용과 관련되며, 개인 또는 소규모 그룹과 함께 작업할 때 각 연습에 적용할 수 있는 추가적인 방법을 제시합니다. 또한 사용 전에 전문가의 판단에 따라 사용할 수 있으며, 유인물을 사용한 후 참가자가 각 페이지에서 다루는 자료와 관련된 학습을 진행하도록 도울 것 입니다. 각 장에 익숙해지면 이런 계획 옵션을 참조하여 상황에 맞게 조정할 수 있습니다.

120쪽	위험요인 확인하기
개인	"예" 또는 "아니오"를 표시하여 위험요인 리스트를 실시하라.
소규모 그룹	전문가가 이끄는 그룹에서 전문가와 개별적인 위험요인을 논의한다.
122쪽	위험요인 확인결과에 대한 임상적 의견
개인	페이지에 정한 대로 전문가 또는 신뢰할 수 있는 사람을 만나라.
소규모 그룹	지지하는 사람(공감 등)과 비지원자의 자질(판단 등)을 토론하라.
123쪽	대처기제
개인	내부 및 외부 대처기제에 대한 질문에 답변하라.
소규모 그룹	긍정적인 대처기술을 사용했거나 사용했을 수 있는 최근의 변화에 대해 논의하라.
126쪽	최근에 트라우마가 있었는가?
개인	발생한 일, 사람들의 반응, 긍정적인 영향과 부정적인 영향, 배운 것 등을 기술하라.
소규모 그룹	자신과 타인을 용서할 수 있는 이유와 방법을 논의하라
128쪽	생활 스트레스 요인
개인	가족, 관계, 일, 여가 시간과 관련된 스트레스 요인으로 인한 감정을 기술하거나 묘사하라.
소규모 그룹	스트레스 요인을 공유하고, 참가자들은 대처 방법에 대해 제안하라.

130쪽	폭력과 학대
개인	자신이 다른 사람으로부터 경험한 학대나 다른 사람을 학대한 경험이나 그 결과에 대해 기술하라
소규모 그룹	사람들이 학대보고를 두려워하는 이유, 보고해야 하는 이유, 그리고 안전하게 보고하는 방법에 대해 토론하라.
132쪽	집을 더 안전하게 만들기
개인	자해나 자살로 이어질 수 있는 위험으로부터 집을 더 안전하게 만드는 방법을 찾아보라.
소규모 그룹	충동성이 죽음으로 이어질 수 있는 피해야 할 장소(높은 곳, 기차선로, 교통 등)에 대해 논의하라.
133쪽	가족력
개인	정신 건강, 자해, 학대, 중독 문제에 대한 가족사를 서술하라.
소규모 그룹	입양, 사망 등으로 인해 가족력을 알지 못하는 경우 대처할 수 있는 방법을 토론하라.
135쪽	삶의 양식
개인	위기에 대처하는 능력에 영향을 줄 수 있는 생활양식 목록을 작성하라.
소규모 그룹	각 항목에 대해 “많다”라고 응답한 사람은 다르게 반응한 사람들에게 관련 제안을 하라
138쪽	대인관계
개인	자주 연락하는 사람들과 향후 연락을 계속할 것인지 아니면 줄일 것인지 여부와 이유를 설명하라.
소그룹	지지하는 사람들에게서 찾아야 할 특성과 피해야 할 사람들의 특성 목록을 브레인스토밍하라.
140쪽	충동적인 행동
개인	당신의 위험하고 무모한 행동을 기술하라
소규모 그룹	충동적인 행동으로 인한 최악의 결과에 대해 토론하라(사고로 다른 사람을 다치게 하기, 마비 등)

141쪽	희망평가
개인	미래에 대한 희망 수준과 관련된 문항을 실시하라.
소규모 그룹	전문가와 함께 또는 전문가 이끄는 소규모 그룹에서 반응을 토론하라.
143쪽	최근의 상실
개인	최근의 상실, 상실의 영향과 대처 능력에 미치는 영향을 설명하고 누가 도움을 줄 수 있는지 파악하라
소규모 그룹	토론 단계: 부정, 분노, 협상, 우울, 수용, "새로운 정상" 등
145쪽	만족의 효과
개인	무엇이 당신을 만족하게 하는지, 그 만족감을 유지하는 방법을 설명하는 문장을 완성하라.
소규모 그룹	어려움에도 불구하고 도전적인 상황 및 만족도를 유지하는 방법의 목록을 작성하라
147쪽	슬픔의 영향
개인	슬픔과 관련된 상황과 감정을 묘사하고, 더 만족할 수 있는 방법을 찾아보고 설명하라.
소규모 그룹	슬픔을 긍정적으로 극복(더 나은 관계, 배운 교훈 등)한 경험에 대해 토론하라.
149쪽	위험요인 기록하기
개인	대처 대 생존, 성장, 변화, 상실과 소중한 것에 대한 인용문을 자신에게 적용해보라.
소규모 그룹	어려웠던 순간이었지만 "전화위복"된 사례를 공유하라.

참가자를 위한 소개

위험요인은 자기손상, 자살시도 또는 위기가 일어나게 하거나 일어날 확률 또는 가능성을 증가시키는 경향이 있는 생물학적·심리학적·가족적, 지역사회 기반 또는 문화적 특성입니다.

위험요인 확인하기

지시문

위험요인 이해는 자해, 자살 시도 또는 완결된 자살의 가능성이나 가능성을 증가시킬 수 있는 특정 위험요인을 찾아내는 데 도움이 되도록 고안되었습니다.

이 연습에는 자해와 자살과 관련된 위험요인이 많이 포함된 20개의 진술문이 포함되어 있습니다.

아래의 문장을 읽고 그 내용이 사실인지 아닌지를 결정하십시오. 내용이 참이면 '예' 아래의 숫자에 동그라미하고, 문장이 참이 아니면 '아니오' 아래의 숫자에 동그라미 하십시오.

다음 예에서 2에 동그라미 한 것은 위험요인 이해에 대한 진술문이 내담자에게는 참임을 나타냅니다.

	예	아니오
나는 현재 삶의 변화에 대처할 수 없다.	(2)	1

이것은 시험이 아닙니다.

맞고 틀린 답이 없기 때문에 생각하는 데 너무 많은 시간을 쓰지 마십시오. 당신의 첫 반응이 일반적으로 가장 정확합니다. 모든 진술문에 반드시 응답하십시오.

(다음 페이지를 넘겨 시작하십시오)

위험요인 평가

각 문항을 읽고 그 문항이 진실인지 거짓인지 결정하십시오.

문장이 참이면 '예' 아래의 숫자에 동그라미를 하고, 문장이 참이 아니면 '아니오' 아래의 숫자에 동그라미를 하십시오.

솔직하게 임해 주십시오!

	예	아니오
나는 현재 삶의 변화에 대처할 수 없다.	2	1
나는 꽤 안정된 삶을 살고 있다.	1	2
나는 좋은 지지시스템을 가지고 있다.	1	2
나는 과거에 자신을 다치게 한 적이 없다.	1	2
나는 대부분의 시간을 절망적으로 느낀다.	2	1
나는 자살 계획을 생각하거나 세웠다.	2	1
나는 물질남용을 하지 않는다.	1	2
나는 매우 충동적인 경향이 있다.	2	1

나는 공격적인 경향이 있다.	2	1
가족 중에 자살로 죽은 사람이 있다.	2	1
나는 남을 학대하거나 학대받은 적이 있다.	2	1
나는 만성질환이나 건강상의 문제가 있다.	2	1
나는 하루 이틀 이상 슬프거나 우울하지 않다.	1	2
나는 최근에 내가 감당할 수 없는 트라우마를 경험했다.	2	1
나는 최근에 충격적인 소식을 들었다.	2	1
나는 부끄러워서 도움을 구할 수 없다.	2	1
나는 최근에 친구, 애완동물 또는 가족을 잃었다.	2	1
나는 자살로 죽을 수 있는 방법에 접근하지 못한다.	1	2
나는 나 자신을 고립시켰다.	2	1
나의 문제들에서 벗어날 방법을 찾지 못하는 것 같다.	2	1

완성한 위험요인 이해에 대한 평가를 전문가에게 전달하고 함께 논의하십시오.

위험요인 이해에 대한 전문가의 판단

위험요인 이해는 자해 및 자살 행동과 관련된 위험요인을 측정하도록 고안되었습니다.

이런 위험요인 중에서 숫자 2에 동그라미를 친 것이 하나라도 나타나는 경우 자해나 자살위기의 발생 가능성이 증가할 수 있다는 점을 유의해야 합니다.

이 평가결과 위험요인의 수가 증가할수록, 자해나 자살위기가 발생할 가능성도 증가합니다.

위험요인 이해평가를 완료한 사람은 다음에 제시된 사람 중 한 명 이상과 접촉해야 함을 나타냅니다.

- 정신 건강 전문가 또는 의료 전문가
- 적극적 지원 시스템 또는 그룹
- 현명한 친구 또는 가족 구성원
- 정신적 또는 종교적 지도자
- 지역 또는 국가 지원의 핫라인

대처기제

긍정적이든 부정적이든 중요한 인생 사건은 심리적인 스트레스를 유발할 수 있습니다. 과거 삶의 변화, 스트레스 요인, 위기에 성공적으로 대처한 경험이 있는 십대청소년들은 중요한 대처기제가 부족한 십대청소년들보다 더 낮은 위험에 처해 있습니다.

스트레스에 어떻게 대처하십니까? 내적 및 외적 대처기제를 어떻게 사용하는지 알아보기 위한 아래의 문항에 답해주십시오.

최근에 직면한 변화, 위기 또는 스트레스 요인에 성공적으로 대처할 수 있었던 것에 대해 쓰시오.

그 문제를 어떻게 해결했나요? 돌이켜보면, 누가 당신을 도와줄 수 있었을까요?

어떤 가족 자원을 사용했습니까? 가족 중 누구에게 도움을 요청했습니까? 돌이켜보면, 가족이 당신을 도울 수 있었습니까?

사회 및 지역사회 자원은 무엇입니까? 그들에게 도움을 요청하셨나요?

유머를 사용해서 어떻게 대처할 수 있었습니까? 설명해보세요.

이런 상황에서 긴장을 풀 수 있었나요? 만약 그렇다면, 어떻게 긴장을 풀었나요? 그러지 않았다면 어떻게 긴장을 풀 수 있었을까요?

침착할 수 있었나요? 만약 그렇다면, 어떻게? 만약 그렇지 않았다면, 무엇을 통해서 혹은 누구를 불러 침착하도록 도와 달라고 할 수 있었나요?

___

___

___

최근의 트라우마

자살에 대한 생각은 종종 십대청소년들이 인생에서 경험했던 주요 트라우마와 관련이 있습니다. 자신이 겪은 트라우마를 생각해 보십시오. 여러분이 그 사건을 의미 있게 만들고 당신의 고통을 줄이는 데에는 글쓰기가 도움을 줄 수 있습니다. 아래에 당신의 트라우마에 대해 써 보시오.

무슨 일이 있었는가? ______________________________

____

____

어떻게 반응했는가? ______________________________

____

____

누구에게 이야기했는가? ______________________________

____

____

누구를 원망하는가? ______________________________

이것이 타당한가? 왜 그런가? 혹은 왜 그렇지 않은가? ______________

____

____

자신과 다른 사람을 용서할 수 있는가? 설명하시오. ____________________

____

____

만약 할 수 있다면, 트라우마를 다르게 전환할 수 있는 것은 무엇인가요?

____

____

이 트라우마가 어떻게 여러분의 삶에 긍정적인 영향을 주었나요? ________

____

____

이 트라우마가 어떻게 여러분의 삶에 부정적인 영향을 주었나요? ________

____

____

이 트라우마가 친구, 가족, 사랑하는 사람 등과의 관계를 어떻게 변화시켰나요?

____

____

이 트라우마로 인해 자신에 대해 알게 된 것은 무엇인가요? ____________

____

____

이 트라우마 때문에 어떻게 성장하거나 더 강해졌나요? ________________

____

____

생활스트레스 요인

주요 생활 스트레스 요인은 모든 면에서 우리들의 삶을 붕괴시킬 정도로 극심할 수 있습니다. 이런 주요 생활 스트레스 요인(거부, 이혼, 중요한 시험 실패, 남자친구나 여자친구와의 헤어짐, 금융 위기, 파괴적인 인생 전환, 상실 등)은 잘 대처할 수 있는 능력에 영향을 줄 수 있습니다.

현재의 생활 스트레스 요인을 확인하고 네 가지 스트레스 요인에 대해 여러분이 어떻게 느끼고 있는지 쓰거나 그리십시오.

가정생활	대인관계

학교	여가 시간

많은 스트레스가 있을 수 있고, 이 스트레스를 다루기 위해서는 항상 자기 자신을 믿는 것이 필요합니다. 모든 사람은 특별하고 멋지기 때문에, 어느 누구도 당신에게 다르다고 말하지 못하게 하십시오.

– 맥케일라 마루니(McKayla Maroney)

폭력과 학대

과거에 학대를 당한 적이 있는 십대청소년이나, 현재 학대를 당하거나 폭력을 경험하고 있는 십대청소년들은 특히 자해나 자살 충동을 느낄 위험이 있습니다. 종종 실제로는 그렇지 않지만 자신들의 상황을 극복할 수 없는 것으로 보고 이를 해결하기 위한 한계가 분명한 대안들을 찾기도 합니다.

아래 빈 곳에 학대 또는 폭력 경험에 대해 쓰십시오.

다른 사람 (name code)	무슨 일인가?	그것이 나에게 어떤 영향을 주었는지	상대방에게 어떤 영향을 미쳤는지	그것이 우리 관계에 어떤 영향을 미쳤는지
예: ○○○	그는 1살 때 내 침실에서 나를 성적으로 학대했다.	우리 가족을 갈라놓았을 것이기 때문에 누구에게도 말하지 않았다. 나는 무서웠고 배가 아팠다.	그는 전혀 고민하는 것 같지 않았다. 그는 나에게 친절하게 말했으나 아무도 없을 때는 무언가를 아는 표정을 지어 보였다.	아무 것도 없다!
예: ○○○	우리가 자랄 때 나는 그녀에게 친절하지 않았다.	나는 어디든지 그녀와 함께 가는 것을 피했다. 오롯이 우리만 있을 때 나는 항상 그녀에게 잔인한 말투로 말했다.	그녀는 좋은 관계를 맺고 싶었지만 나는 그렇지 않았다. 그녀는 슬펐고 자신이 무엇을 잘못했는지 몰랐다.	내가 자라면서 나는 내가 무엇을 하고 있는지 깨달았다. 나는 사과했고, 그녀가 사과를 받아들였다. 우리는 지금 좋은 관계를 유지하고 있다.

■ 과거 학대를 극복하기 위한 조언

- 그 당시 표현하지 못했던 것을 표현하도록 노력하십시오. 이에 해당하는 한 가지 방법은 그 사람에게 편지를 쓰는 것입니다. 글쓰기 자체에 치유적인 면이 있기 때문에 보낼 필요는 없습니다.
- 지지 네트워크에 있는 사람들과 이 문제에 대해 이야기 나누십시오.
- 가능하면 현재에 머무르도록 유의하십시오. 과거를 제쳐두고 현재에 살고, 미래를 내다보고 목표를 세우세요.

집을 더 안전하게 만들기

자살생각을 경험하거나 명료하게 생각할 수 없는 경솔한 순간에 자신을 해칠까 봐 걱정스럽다면, 자신을 해치는 데 사용할 수 있는 것은 모두 제거해야 합니다. 이런 것들에는 술, 알약, 칼, 면도기 또는 치명적인 도구가 포함될 수 있습니다. 안전한 관리를 위해 다른 사람에게 주거나, 버리거나, 자물쇠로 잠그십시오. 자신을 해치고자 결정하는 것이 쉽도록 만들지 마십시오.

당신의 집을 더 안전하게 만들 방법에는 무엇이 있나요?

혼자 집에 있는 것이 안전하지 않다고 생각되면, 안전하다고 느끼는 곳으로 가십시오.(예: 친구 또는 가족의 집, 주민센터, 병원 또는 다른 공공장소)

나의 가족력

가족력이 자해나 자살 위기의 위험에 처하게 되는 결정적인 요인이 될 수 있습니다.

대처 능력에 영향을 미칠 수 있는 가족력과 관련된 문제, 문제를 경험한 가족 및 문제를 명확하게 설명해주십시오.

가족력에서 나타난 위험요인	가족 구성원	가족 구성원의 문제
예: 정신건강 문제	○○○	그는 심한 우울증을 앓았다. 자살로 죽기를 원했고, 늘 그렇게 하겠다고 위협했지만 병으로 죽었다.
정신건강 문제		
자살 또는 자살시도		
자해		

성인 또는 아동이 신체적, 성적, 정서적, 언어적 또는 문화적으로 학대받는 경우		
성인 또는 아동이 신체적, 정서적, 언어적, 성적 또는 문화적으로 학대한 경우		
알코올 또는 약물 남용		
기타		

가족력에 대해 알게 된 것이 어떻게 자신의 문제에 더 잘 대처할 수 있게 만들었나요?

____

____

____

____

생활방식 요인

자살위기가 발생하는 것에 있어 생활방식이 중요한 요인이 될 수 있습니다. 안정적인 생활환경, 지지 네트워크 및 직업 등으로 구성된 생활방식은 사람들이 자해나 자살충동, 감정 또는 행동으로 이어질 수 있는 위기상황에 대처할 수 있도록 도움을 줄 수 있습니다.

아래의 간단한 설문조사를 통하여 생활방식이 얼마나 건강에 좋은지, 안 좋은지를 확인하십시오.

	매우 그렇다	보통이다	아니다
나는 내가 좋아하는 직업을 가지고 있다.	3	2	1
나는 안정적인 가정생활을 하고 있다.	3	2	1
나는 친구들과 어울리는 것을 즐긴다.	3	2	1
나는 많은 사람들의 지지를 받고 있다.	3	2	1
나는 일과 생활의 균형을 맞출 수 있다.	3	2	1

생활 합계 = ______________

나는 균형 잡힌 식사를 한다.	3	2	1
나는 하루에 세 끼의 건강한 식사를 한다.	3	2	1
나는 정크 음식보다 건강에 좋은 간식을 먹는다.	3	2	1
나는 신선한 과일과 야채를 많이 먹는다.	3	2	1
나는 패스트푸드점을 피한다.	3	2	1

식사 합계 = ________

나는 잠잘 때 즐거운 생각을 한다.	3	2	1
나는 자기 전에 술을 마시지 않고 카페인이 많은 것은 피한다.	3	2	1
나는 매일 밤 충분한 수면을 취하려고 노력한다.	3	2	1
나는 자기 전에 스트레스를 받을 때 긴장을 풀 수 있다.	3	2	1
나는 필요할 때 잠깐 낮잠을 잔다.	3	2	1

수면 합계 = ________

나는 매주 여러 번 운동을 한다.	3	2	1
나는 운동을 하거나, 걷거나, 조깅을 한다.	3	2	1
나는 마당이나 정원에서 일하는 육체적인 활동을 한다.	3	2	1
나는 유산소 운동을 한다.	3	2	1
나는 요가나 유연성 훈련을 좋아한다.	3	2	1

운동 합계 = ________

현재 생활방식에 대한 빠른 평가를 점수화하려면 각 영역에 동그라미를 친 숫자를 더하면 됩니다.

각 영역의 점수의 범위는 5에서 15까지입니다.

- 5－8 당신의 생활방식은 삶의 스트레스 요인에 대처하는 데 도움이 되지 않을 것이다.
- 9－11 당신의 생활방식은 삶의 스트레스 요인에 대처하는 데 조금 도움이 될 것이다.
- 12－15 당신의 생활습관은 삶의 스트레스 요인에 대처하는 데 매우 도움이 될 것이다.

사회적 관계와 고립

많은 사람들과 정기적으로 사회적 접촉을 하는 십대청소년들은 자기 자신을 고립시킨 십대청소년들보다 더 낮은 위험에 처해 있습니다. 십대청소년들에게는 정서적인 지원, 문제해결 지원, 그리고 즉각적인 위기 대처를 돕기 위한 자원들을 제공할 수 있는 사람들이 있습니다. 우리는 종종 힘을 잃게 하고 삶에 부정적인 영향을 주는 사람들과의 관계는 줄이거나 아예 없애는 것이 더 좋습니다. 우리의 삶에 부정적인 영향을 주는 사람들을, 우리를 지지하고 우리가 그들을 지지하도록 허락하는 많은 긍정적인 사람들로 교체할 필요가 있습니다!

계속 연락하고 있는 사람들을 적어보세요.

정기적으로 만나는 사람들	이 관계에서 내가 받는 것과 주는 것	내가 정기적으로 교류하는 것이 좋은 일일까, 좋지 않은 일일까? 그 이유는?
예: ○○○	그는 항상 힘이 되어주고, 언제나 기꺼이 들어준다. 나도 마찬가지야.	좋아! 그는 항상 나를 위해 그곳에 있어.
예: ○○○	내가 그녀를 위해 많은 일을 하려고 해도 그녀는 나를 비참하게 만든다.	별로 좋지 않다! 나는 의무감을 느낀다.

관계를 중단한 사람들을 적어보세요.

관계를 중단한 사람들	이 관계에서 내가 받는 것과 주는 것	내가 관계를 중단한 것이 좋은 것인가 그렇지 않은가? 그 이유는?
예: ○○○	나는 그녀를 위해 열심히 노력하지만 그녀는 나를 지지해 줄 수 없다.	좋아! 내가 이용당하고 있는 것 같지 않아.
예: ○○○	그는 가족이고 도우려고 노력하지만 너무 부정적이다.	별로 좋지 않아! 죄책감이 들어.

충동적 행동

의도적으로 충동적이고 위험한 행동을 하는 것은 자해 또는 자살의 위험이 있음을 나타냅니다. 이런 유형의 행동은 자신을 해칠 의도의 표현으로 볼 수 있습니다. 위기에 처한 십대청소년들은 과속, 약물 남용, 약품 남용, 무방비 상태의 섹스 등 충동적이고 무모한 행동을 하는 경향이 있습니다.

아래 원에 위험하고 무모한 충동적 행동을 기록하십시오. 가장 중요한 것은 아래에 글을 적으면서 자신에게 솔직해지는 것입니다.

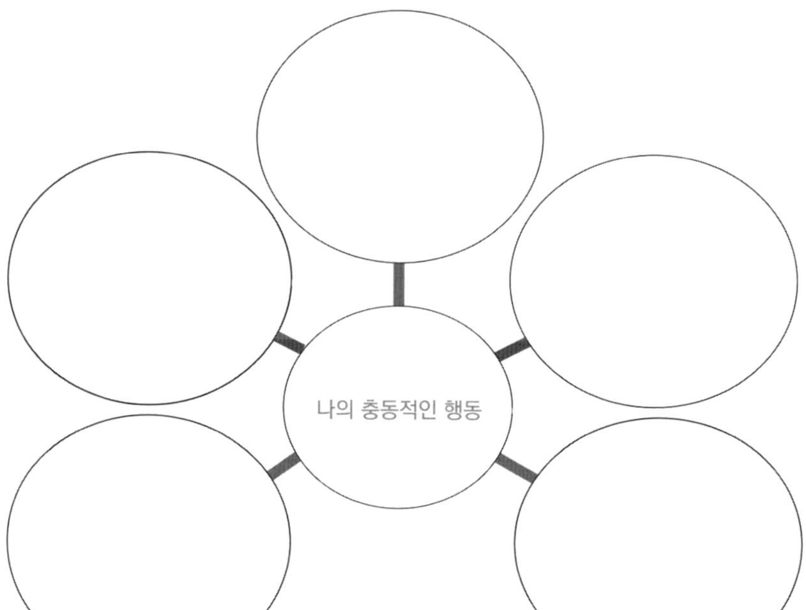

다음에 있는 사람들 중 한 명 이상에게 연락하십시오: 정신 건강 전문가 또는 의료 전문가, 긍정적인 지지 시스템 또는 그룹, 현명한 친구, 가족, 영적 또는 종교 지도자 등.

희망평가

희망은 자신의 미래에 대한 긍정적인 시각입니다. 희망을 갖는 것은 복원력과 스트레스, 위기 또는 건강에 좋지 않은 생각에 직면했을 때 다시 되돌아오는 능력의 핵심입니다. 희망적인 십대청소년들은 고통, 통증, 그리고 재난에 직면할 때에도 평화를 느낄 수 있습니다. 희망은 인생을 살면서 기쁨과 행복을 유지하는 데 중요합니다.

이 평가는 10개의 문항으로 구성되어 있습니다. 각 문장을 읽고 해당 문항이 자신에게 해당되는지를 결정하십시오. 해당되는 숫자에 동그라미를 치십시오.

	예	아니오
일이 잘못되어도 나는 희망적이다.	2	1
대부분의 상황이 긍정적인 결과를 가져오지 않는다.	1	2
나는 대부분의 상황을 긍정적으로 본다.	2	1
나는 종종 내 삶이 절망적이라고 느낀다.	1	2
나는 사물의 밝은 면을 보려고 노력한다.	2	1
나는 대체로 미래에 대해 낙관적이다.	2	1
나는 대부분의 시간이 불행하다.	1	2
나는 미래에 대해 생각할 때 거의 우울하지 않다.	2	1
나는 나를 행복하게 만드는 상황을 찾는다.	2	1
나는 종종 내 삶의 어떤 것이 바뀔 때 절망감을 느낀다.	1	2

합계＝____________

동그라미 친 숫자를 더하고 그 합계를 써 넣으세요. 그런 다음 아래 해석 지침에 따라 합계의 의미를 알아보십시오.

10에서 13까지이면 미래에 대해 그다지 희망적이지 않음을 나타낸다.
14에서 16까지이면 미래에 대해 다소 희망적임을 나타낸다.
17에서 20까지이면 미래에 대해 희망적임을 나타낸다.

정신 건강 전문가 또는 의료 전문가, 긍정적 지지 시스템 또는 그룹, 현명한 친구, 가족, 정신적 또는 종교적 지도자 중에서 희망을 잃지 않기 위한 당신의 노력을 지지하는 한 사람 이상의 사람에게 연락하십시오.

최근의 상실

최근 삶에서 상실이 적거나 전혀 없는 십대청소년들은 최근 상실을 겪은 십대청소년들보다 위기에 처할 위험이 낮습니다. 상실에는 부모나 형제 상실, 이혼, 친구 사망, 실직, 애완동물 상실 또는 기타 중요한 상실들이 포함될 수 있습니다.

아래에 최근 경험한 상실에 대해 기록하십시오.

최근의 상실에 관해 설명해보세요.

____

____

____

무슨 일이 있었나요?

____

____

____

그 일이 어떤 영향을 주었나요?

____

____

____

그 일이 삶에 어떤 변화를 주었나요?

그 일이 대처 능력에 어떤 영향을 주었습니까?

위기에 처해 있다면, 어떤 행동을 할 것입니까?

이번 상실이 위기에 빠뜨렸습니까? 위기를 설명해주십시오.

누가 도와 줄 수 있습니까?

만족의 효과

높은 수준의 만족은 자해나 자살에 대한 생각을 멈추게 하는 동기가 될 수 있습니다.

아래에 제시되는 표에 만족스러운 상태를 나타내는 서술어 3개에 관하여 글로 쓰거나, 그림을 그리거나, 잡지에서 사진을 잘라 붙이세요. 다음 페이지의 표에는 만족할 때의 기분을 기술하십시오(예: 평화, 흥분, 명랑, 만족, 즐거움, 격려, 희망 등).

나는 … 할 때 만족한다.
1.
2.
3.

내가 만족할 때, 나는 … 느낀다.
1.
2.
3.

만족스러운 상태를 유지하기 위해 무엇을 할 수 있습니까?

___

___

만족을 유지하려는 노력을 지원받으려면 다음 사람들 중에서 한 명 이상의 사람과 연락하십시오. 정신 건강 전문가 또는 의료 전문가, 긍정적인 지원시스템 또는 그룹, 현명한 친구, 가족, 정신적 또는 종교 지도자 등.

슬픔의 효과

높은 수준의 슬픔은 자해나 자살에 대한 생각을 계속하는 동기가 될 수 있습니다.

아래 표의 위 부분에는 슬프게 만드는 서술어 3개를 글로 쓰거나 그리거나 잡지에서 사진을 잘라서 붙이시오. 아래 부분에는 슬플 때 어떤 감정이 있는지 설명하십시오(예: 졸음, 기분변화, 식욕부진, 짜증, 기운 없음, 부정적, 우울함, 만족감 없음, 절망감, 공허감, 비판적인).

나는 … 경우 슬프다.
1.
2.
3.

나는 슬플 때, … 를 느낀다.

1.

2.

3.

슬퍼하는 것을 멈추고 삶에서 더 만족하기 위해 무엇을 할 수 있고 누구와 이야기할 수 있습니까?

____

____

슬픔을 멈추려는 노력을 지원받으려면 다음의 사람들 중에서 한 명 이상의 사람과 연락하십시오. 정신건강 전문가 또는 의료 전문가, 긍정적인 지원 시스템 또는 그룹, 현명한 친구, 가족, 정신적 또는 종교 지도자 등.

위험요인에 대해 기록하기

각 인용문이 여러분에게 무엇을 의미하는지, 그리고 각 인용문이 여러분의 삶에 어떻게 적용되는지 설명하십시오.

나는 인생을 살아남는 것으로 생각하지 않고, 대처하는 것으로 선택했다.

– 로나 러프트(Lorna Luft)

정원은 성장과 변화의 공간이다. 이는 상실이 있지만, 늘 새로운 보물이 재난을 보상해주는 곳이라는 뜻이다.

– 메이 사튼(May Sarton)

04

청소년 자살과 자해예방 전문가지침서

예 방

04

예 방

전문가를 위한 안내

일반적으로 자해와 자살은 예방될 수 있습니다. 경고신호와 위험요인을 확인하여, 내담자들이 자해와 자살 생각을 예방하도록 도울 수 있습니다.

다양한 유형의 예방 기법은 내담자가 자신의 문제에 대처하고, 스트레스를 효과적으로 처리하며, 미래에 대한 희망을 찾을 수 있도록 고안되었습니다. 이런 자해와 자살 예방 기술은 사람들이 일상생활의 스트레스 요인을 다룰 수 있는 효과적인 기술을 배우고 자해의 가능성을 줄이는데 도움을 주기 위한 것입니다.

자살 예방에 사용되는 기법은 내담자가 자신의 미래를 예상하고, 미래가 더 나아질 것이라는 희망을 갖고 유지할 수 있도록 하기 위해, 생각이 부정적인 감정을 유발하지 않도록 마음 챙김을 개발하고, 건강한 생활습관 유지와 효과적인 대처기제의 개발과 같은 스트레스 감소 요인을 구축하는 데 도움을 주기 위해 고안되었습니다.

이 장에서는 내담자들이 다음과 같은 행동을 할 수 있도록 도와 줄 것입니다.

- 생활에서의 스트레스 요인을 관리하기 위한 준비와 관련된 탐색과 평가하기
- 예방이 가능하게 하는 요인 탐색하기
- 스트레스를 해소하고 희망을 찾는 몇 가지 방법을 연습하기

개인 및 소규모 그룹과 함께 일하는 전문가를 위한 치료 계획

아래의 각 항목은 평가 또는 활동 페이지와 관련되며 개인 또는 소규모 그룹과 함께 작업할 때 각 연습에서 활용할 수 있는 추가적인 방법을 제시합니다. 또한 활용 전에 전문가의 판단에 따라 사용할 수 있으며 유인물은 사용한 후 참가자들이 각 페이지에서 다루는 자료와 관련된 학습을 진행하는 데도 사용할 수 있습니다.

159쪽	자기점검 질문지 실시안내
개인	살아야 할 이유, 대처 기술, 생각과 자기 모니터링 및 자기 대화 등이 반영된 문항을 실시한다.
소규모 그룹	전문가 또는 전문가가 이끄는 그룹과 함께 반응을 검토한다.
160쪽	자기점검 질문지 실시
개인	전문가는 각 개인의 결과를 평가하여 보다 강도 높은 관리가 필요한 사람을 의뢰한다.
소규모그룹	전문가 및 참가자와 설문조사를 통해 얻은 것에 대해 논의한다.
162쪽	자기점검 질문지 결과를 전문가가 분석
개인	전문가는 각 참가자와 자기점검질문지 결과에 대한 설명을 논의하고, 확인된 욕구를 충족하기 위한 방법을 계획한다.
소규모 그룹	목적을 찾고, 대처하고, 부정적인 자기 대화를 바꾸는 방법을 전문가 및 동료와 논의한다.
164쪽	계속해야 하는 나의 이유
개인	누가 무엇을 깊이 생각하는지 확인하고, 돌봄의 이유와 이점을 설명한다.
소규모 그룹	“기타” 범주에 포함될 수 있는 이유 목록을 상상하고 논의한다.

166쪽	긍정적 주의분산
개인	과거에 도움이 되었던 긍정적인 주의분산을 기술한다.
소규모 그룹	시도하지 않았지만 호소력 있고 실행 가능한 활동에 대해 논의한다.
167쪽	나의 버킷 리스트
개인들	자신이 참여하고 싶은 긍정적인 활동과 이것을 달성하기 위한 방법을 확인한다.
소규모 그룹	가장 중요한 버킷 리스트 항목을 공유한다: 참가자들은 이 목표를 달성할 수 있는 방법을 제안한다.
169쪽	대처 전략
개인	촉발요인에 대한 인식, 심호흡, 운동, 취미를 이용하여 자신을 진정시키는 방법을 기술한다.
소규모 그룹	자원봉사자들은 촉발요인, 운동, 취미에 대한 토론을 주고받고 심호흡을 시연한다.
171쪽	마음 챙김
개인	무엇이 과거에 집착하게 하는지 기술하고, 현재에 머무르고 과거를 버릴 수 있는 방법에 대해 논의한다.
소규모 그룹	야외활동을 하고, 명상하고, 일기를 쓰고, 만족스러운 순간을 즐기는 방법에 대해 토론한다.
173쪽	나의 건강한 생활방식
개인	활동지에 제시된 정보를 바탕으로 참가자들의 건강한 생활습관과 건강에 좋지 않은 생활습관, 식습관과 수면습관을 평가한다.
소규모 그룹	요리할 시간이 적고 예산이 빠듯할 경우 건강에 좋은 음식을 먹을 수 있는 방법에 대해 논의한다.
175쪽	문제 해결
개인	현재의 문제를 기술한다. 가능한 해결 방법을 브레인스토밍한 후 가장 좋은 해결책을 선택한다.
소규모그룹	문제를 공유한다. 참가자들은 가능한 해결책을 탐색한다. 각각의 장단점을 논의한다.

178쪽	건강하지 않은 대처법
개인	목록을 범주화하여 참가자에게 자신이 사용하는 건강하지 못한 대처 방법, 왜 그러한 방법을 사용하는지, 그리고 사용할 때 어떤 영향을 미칠 수 있는지 주의 깊게 관찰하게 한다.
소규모 그룹	사람들에게 그런 척 하거나 거짓말을 하는 이유와 해로운 영향에 대해 토론한다.
180쪽	건강한 대처법
개인	목록을 범주화하여 건강한 대처 방법, 이유 및 효과를 기록한다.
소규모 그룹	자신의 삶을 통제할 수 있는 방법 및 자신의 통제 밖의 것(다른 사람들이 하는 일 등)에 대해 토론한다.
182쪽	자신의 감정 기록하기
개인들	참가자가 자신의 감정을 일주일 동안 매일 기록하게 한다.
소규모 그룹	감정을 표현하는 다른 창의적인 방법에 대해 토론한다(시나 가사를 쓰고, 음악을 연주하고, 선으로 그림 그리거나 색칠하기)
184쪽	부정적인 생각에 도전하기
개인	부정적인 감정, 촉발된 생각, 결과로 나타난 행동 두 세트를 쓴다.
소규모 그룹	보드 활동: 부정적인 생각을 긍정적인 것으로 바꾸고 이로 인해 생기는 감정과 행동을 기록하라.
186쪽	부정적인 생각 바꾸기
개인	부정적인 생각을 나열하고 각각의 생각을 더 긍정적이면서도 현실적인 생각으로 바꾼다.
소규모 그룹	부정적인 생각들은 적을 수 있는 종이를 참가자들에게 배포하고 기록하게 한다. 참가자들이 기록한 종이를 모은 후 뽑아 큰 소리로 읽고 긍정적인 것으로 바꾸도록 한다.
188쪽	자살 예방에 대한 인용문
개인	자살 예방에 대한 두 개의 인용문을 자신의 상황에 적용해보게 한다.
소규모 그룹	인용문에 나타난 의미를 자신에게 적용하여 작성하고, 목록으로 작성하고, 복사하거나 메일을 사용하여 배포한다.

십대청소년 참가자를 위한 소개

자해와 자살 예방 기법은 삶에서의 스트레스 요인에 대처하는 데 효과적인 기술을 배우고 자기 스스로에게 해를 끼칠 가능성을 감소시키는 데 도움을 주기 위해 고안되었습니다.

자기점검 질문지 지시문

자기점검 질문지는 18개의 문항으로 구성되어 있습니다.
각 문항을 읽고 해당 문항이 자신을 잘 나타내는지를 결정하십시오.

예: 만약 문항이 여러분들을 나타낸다면, 문항 앞에 있는 네모 안에 체크하세요.
☑ 나는 나의 평소 활동에 계속 관심을 가지고 있다.

만약 그 문항이 여러분을 나타내지 않는다면 네모 안에 ×표시를 하세요.
☒ 나는 나의 평소 활동에 계속 관심을 가지고 있다.

이것은 시험이 아닙니다.
정답이나 오답이 없기 때문에, 답을 생각하는 데 너무 많은 시간을 쓰지 마십시오. 솔직하게 임해 주십시오!

(다음 페이지로 넘겨 시작하십시오.)

자기점검 질문지

여러분에게 해당되는 진술문 옆에는 체크 표시를 하고, 해당되지 않는 진술문 옆에는 x표를 하십시오.

1

□ 나는 나의 평소 활동에 계속 관심을 가지고 있다.
□ 나는 기대할 것들이 많다.
□ 나는 나에게 일어나는 일들을 관리한다.
□ 나는 내가 사랑하는 사람과 시간을 보내는 것을 좋아한다.
□ 나는 나를 아끼는 사람들이 많다.
□ 나는 매사를 긍정적으로 볼 수 있다.

2

□ 나는 스트레스 상황을 다룰 수 있다.
□ 나는 내 삶을 효과적으로 관리한다.
□ 내가 처한 상황에서 벗어날 길이 보인다.
□ 나는 잘 먹고 잘 자고 있다.
□ 나는 직장에서 기능을 발휘할 수 있다.
□ 나는 나의 부정적인 감정에 대처할 수 있다.

3

□ 나는 내가 가치 있는 인간이라는 것을 느낀다.
□ 나는 내 삶의 상황이 나아질 것이라고 믿는다.
□ 나는 결코 실패자처럼 느끼지 않는다.
□ 나는 사랑하는 사람들에게 도움이 되는 것을 좋아한다.
□ 나는 머릿속에 있는 부정적인 생각을 멈출 수 있다.
□ 나는 대부분 기분이 상당히 좋다.

자기점검질문지 결과 분석

전문가를 위하여

전문가로서 계속 진행할지의 이유를 결정하기 위해서는 내담자의 상태를 아는 것이 중요합니다!
자해와 자살 예방과 관련된 세 가지 중요한 측면에 대한 내담자의 반응을 되돌아볼 수 있도록 도와주는 것이 중요합니다.

1 – 살아야 할 이유를 찾는다.
2 – 효과적인 대처기제를 배운다.
3 – 부정적인 감정을 유발할 수 있는 자기 대화 및 생각을 모니터링하고 관리한다.

- 이전 페이지의 각 영역에서 x가 있는 문항의 수를 세십시오.
- 그 다음, 합계를 아래의 공간에 적으세요.

1. **살아야 하는 이유** **합계 =**
2. **대 처** **합계 =**
3. **자기대화** **합계 =**

여러분은 이 과정이 내담자에 대해 더 많이 알게 해 주었다고 느낄 수 있고, 참가자와 점수를 논의하는 것은 불필요하다고 느낄 수도 있습니다. 하지만 내담자와 대화하거나 왜 그들이 특정 문항에 x를 했는지를 묻고 싶을 수도 있습니다.

질문지결과 설명-전문가에게만 해당

1. 살아야 하는 이유: 질문지에 x표를 여러 개 표시한 사람들은 사람들과의 활동에 흥미를 잃었을 수도 있고 기대할 것이 없다고 느낄 수도 있다.

2. 대 처: 질문지에 x표를 여러 개 표시한 사람들은 인생의 도전에 대처하는 데 어려움을 겪을 수 있으며, 문제 해결을 위해 애쓰고 있으며, 해결하지 못한 일에 대처하려고 애쓰고 있을 수 있다.

3. 자기대화: 질문지에 x표를 여러 개 표시한 사람들은 부정적인 자기표현에 의해 유발되는 부정적인 감정을 경험하고 있을 수 있으며, 이런 생각을 감시하고 관리할 수 없다.

계속해야 하는 나의 이유

삶이 부정적일 때, 자신이 사랑하는 사람들과 사물을 살펴보는 것이 중요합니다. 여기에는 사랑하는 가족, 깊이 생각하는 친구, 방문하는 것을 즐기는 장소, 좋아하는 음악·영화·음식 그리고 운동을 포함할 수 있습니다. 이름은 별칭이나 가명을 사용하십시오.

아래 표의 빈 공간에 "계속해야 하는" 것에 대한 여러분 자신의 이유를 기술하십시오.

계속해야 하는 나의 이유	이것이 나에게 중요한 이유	이것이 나에게 어떻게 도움이 될 것인가.
예: ○○○	그와 함께 농구경기를 보러 가는 것을 즐긴다. 나는 보통 모든 것에 대해 이야기한다.	우리가 함께 있을 때 그에게 무슨 말이라도 할 수 있을 것 같은 기분이 든다.
예: ○○○	○○○은 아기를 임신하고 있다.	나는 조카딸을 보고 싶고 조카딸이 자라는 것을 보고 싶다.
가족		
좋은 친구		

지역 사회		
배우는 것을 즐김		
여행		
특별한 경우		
상황이 나아질 것이라는 믿음		
기타		
기타		

긍정적인 기분전환

삶이 특히 도전적으로 보일 때 상처를 내는 부정적인 생각으로부터 거리를 두기 위해 매일 참여할 수 있는 긍정적인 기분전환을 하는 것이 중요합니다. 과거에 효과가 있었던 긍정적인 기분전환 활동에 대해 생각해보십시오.

(예: 좋아하는 식당에서 식사하고, 옛 친구와 연락하고, 추리 책을 읽고, 정원을 가꾸고, 숲속을 산책하고, 당신의 이야기를 쓰세요.)

이제 자신의 것을 나열해보세요.

나의 버킷 리스트

대부분의 사람들은 버킷 리스트를 가지고 있습니다. 버킷 리스트는 끝내기를 바랐거나 더 많은 시간을 할애할 수 있는 것들로 구성되어 있습니다. 버킷리스트는 진행 중인 과정이고 결코 실제로 완성할 수 없는 것일 수도 있습니다. 보고 싶은 것과 하고 싶은 것을 기대할 수 있는 무한한 가능성은 항상 있습니다.

(예: 여행지 찾기, 옛 친구들과 다시 연락하기, 시작하고 싶은 사업 발견하기, 특정기관에서 봉사활동하기, 나무 심기, 사교춤 배우기, 마라톤 달리기, 열기구를 타고 올라가기, 돌고래와 수영하기, 콘서트 참석, 스타 사인받기 등)

아직 끝내지 않은 일들을 기록하십시오(버킷리스트).

내 버킷 목록	이것이 왜 그렇게 매력적인가	이것을 실현할 수 있는 방법!

이것은 내가 오랫동안 가졌던 것 중 가장 낙관적이다.

나에게는 아직 끝나지 않은 일들이 좀 있다.

– 스터링 마린(Sterling Marlin)

대처 전략

삶이 던져주는 문제와 도전에 정말 대처하기 어려운 날이 있을 수 있습니다. 불안하거나 우울하거나 긴장하거나 흥분했을 때는 효과적으로 대처하기가 훨씬 어려워집니다. 하지만, 여러분이 그렇게 느낄 때 자신을 진정시키기 위해 사용할 수 있는 몇 가지 대처 전략을 배우는 것이 가능합니다.

다음과 같은 대처 전략은 자신에게 해를 끼치려는 생각에 대처하는 데 도움이 될 것입니다.

촉발사건: 강한 감정을 유발할 수 있는 사건(예: 생일, 기념일, 공휴일, 장소, 사람, 향기, 음식 등)을 주의하십시오. 촉발사건을 확인하는 것은 당신이 감정적으로 대처하는 데 도움을 줄 것입니다. 촉발사건은 무엇인가요?

____

____

____

심호흡: 여러분이 슬플 때, 호흡을 계속하는 것을 기억하는 것이 중요합니다. 숨을 깊이 쉴수록 좋습니다. 기분이 언짢거나 슬플 때 심호흡을 해보세요. 깊이 들이마시고 다섯까지 세면서 숨을 멈추었다가 여덟까지 세면서 천천히 숨을 내쉬세요. 숨을 들이쉬고 내쉬는 것을 세십시오. 호흡을 세면서 당신의 마음을 차단하고 당신의 머릿속에 떠오르는 부정적인 생각들을 줄이세요. 이것을 여러 번 반복하세요. 어떤 느낌인지 설명해보세요.

____

____

____

운동: 어떤 식으로든 자신을 다치게 하는 부정적인 생각을 할 때, 운동을 생각해보세요. 이것은 부정적인 생각을 줄이고 체내의 증가된 스트레스 호르몬을 제거하는 데 도움을 줄 수 있습니다. 규칙적으로 운동을 하지 않았다면 몸에 운동을 익숙하게 하는데 도움이 될 것입니다. 당신의 현재 운동 요법과 그것을 어떻게 증가시킬 수 있는지에 대해 설명하시오.

____

____

____

취미: 항상 즐겨왔던 것에 시간을 할애하십시오(예: 미술, 춤, 노래, 요리, 체스, 읽기, 캠핑, 기타 연주 등). 당신이 생각할 수 있는 새로운 취미들은 무엇인가요?

____

____

____

마음 챙김

마음 챙김: 마음 챙김은 과거나 미래를 전혀 생각하지 않고 현재에 머물러 있을 때의 차분하고 조용한 순간들입니다. 이것은 당신이 자아에 다시 접속할 수 있게 해주고, 감각을 이용하는 능력을 증가시키며, 사려 깊은 결정을 내릴 수 있게 해줍니다.

당신이 슬프거나 속상할 때, 아주 작은 스트레스 사건이 당신을 계속할 수 없다고 느끼게 할 때 그 생각들을 점화시킬 수 있습니다. 이때 예상치 못한 감정과 비합리적인 사고를 경험할 수도 있습니다. 명상기법을 사용하여(심호흡에 열중하고, 야외를 탐험하고, 명상하고, 일기를 쓰고, 만족스러운 순간을 즐기고, 긍정적인 상태를 유지하는 등) 사람들은 현재에 주의를 집중할 수 있으며, 어떤 것도 판단하지 않고 주변에서 일어나는 일을 관찰할 수 있습니다. 이것은 비이성적인 사고가 당신에게 영향을 미치기 전에 동반되는 강한 감정을 감소시키는 데 도움이 될 수 있습니다.

과거에 연연하는 경향이 있는 때를 생각해 보십시오. 다른 사람을 설명할 때는 별칭이나 가명을 사용하십시오.

언제 과거에 연연해하는가	과거에 연연해하는 이유	현재 상태를 유지하고 그대로 두는 방법
예: ○○○가 나를 부정적이라고 비판할 때. 언제나 나는 그녀가 나에 대해 좋은 말을 한 적이 없다는 말을 꺼내기 시작한다.	나는 화가 난다. 그녀는 내가 긍정적일 때도 항상 나를 비판해 왔다. 나는 그녀의 피드백을 전혀 원하지 않는다.	난 그냥 가버리면 돼! 나는 밖에 나가서 신선한 공기를 마시고 꽃들을 볼 것이다. 다시 들어와서 화제를 바꾸겠다.

건강한 생활 방식

슬픔과 자신을 해치는 생각에 대처하는 방법 중 하나는 건강한 생활방식을 갖기 위해 노력하는 것입니다. 이것은 현재 경험하는 스트레스의 일부를 줄이고, 앞으로 생길 수 있는 스트레스 요인에 대한 탄력성을 키우는 데 도움이 될 것입니다.

건강한 식생활을 위한 제안

스트레스와 슬픔의 영향을 물리치기 위해서는 몸이 건강해야 합니다. 스트레스는 당신의 일상적 기능을 방해하는 모든 것에 대한 신체적인 반응입니다. 효과적인 식단은 스트레스와 슬픔을 이겨내는 데 도움을 줄 수 있습니다.

- 카페인과 알코올 섭취를 모두 줄이십시오.
  알코올과 카페인은 둘 다 사람들의 스트레스 반응을 증가시킬 수 있습니다. 물은 건강에 좋고 스트레스 해소 효과가 있는 것으로 나타났습니다.
- 많은 양의 세 끼를 먹지 말고 하루 종일 적은 양의 식사를 함으로써 건강한 식사를 하십시오.
  튀김과 패스트 푸드를 줄이고 탄수화물과 설탕을 적게 드십시오.

나의 건강한 식습관	나의 건강하지 못한 식습관

건강한 수면 생활을 위한 제안

충분한 수면을 취하는 것이 중요하지만, 여러분의 몸이 최고로 기능할 있도록 하기 위해서는 수면을 너무 많이 취하지 않는 것이 중요합니다. 수면은 여러분의 몸이 쉬게 하고 스트레스와 슬픔의 증상을 줄여줍니다. 수면 부족은 실제로 기존의 스트레스를 악화시킬 수 있습니다. 그러나 감정에서 벗어나기 위해 잠을 너무 많이 자는 것은 오히려 활력수준을 낮추고 의욕을 저하시켜 도움이 되지 않습니다.

- 특정한 수면 일정을 지키는 것은 자연스러운 수면 리듬을 발달시킬 것입니다. 취침 시간에 피곤함을 느낄 것이고 아침에 힘이 날 것입니다.
- 밝은 조명, 시끄러운 소음 및 격렬한 활동으로부터 벗어나 편안한 잠자리 습관을 가져야 합니다. 책을 읽거나, 낱말 퍼즐을 맞추거나, 마음을 달래는 음악을 들어도 좋습니다. 자기 전 최소한 한 시간 전에는 텔레비전을 시청하거나 전자기기를 사용하지 마십시오. 침실은 어둡고 서늘하게 하십시오.
- 눈을 감고, 불행한 생각이 떠오르면, 다섯까지 세면서 숨을 깊이 들이쉬고 그 호흡을 내쉬세요. 이렇게 하면 불행한 생각에서 벗어날 수 있고, 이것을 여러 번 반복하면 잠을 잘 수 있을 것입니다. 숨을 쉴 때 긍정적인 문구를 반복하는 것이 도움이 될 수 있습니다(예: “스트레스는 사라지고 평화가 깃들기를”).
- 음악도 도움이 될 수 있습니다!

나의 건강한 수면 습관	나의 건강하지 못한 수면 습관

문제해결

고민에 빠지고 슬프고 자신의 문제를 해결하지 못하는 십대청소년은 스스로 자신을 해칠 생각을 하는 경우가 많습니다. 문제를 해결할 수 없다는 것은 자신들의 문제를 극복할 수 없다는 생각을 확대시킵니다. 하지만 올바른 문제해결 기술이 있다면, 그 반대의 경우도 종종 있습니다. 작거나 큰 문제를 해결할 수 있는 시스템을 개발하는 것이 중요합니다.

문제를 확인하고 기술하십시오. ______________________________

____

누가 관계되어 있습니까? ______________________________

____

무슨 일이 있었습니까? ______________________________

____

이 문제가 어떤 영향을 주고 있습니까? ______________________

____

여러분이 가진 문제에 대해 세 가지 가능한 해결책을 브레인스토밍하십시오. 자신의 생각을 판단하지 말고, 해결책이 효과가 없을 것이라고 이야기하지 말고, 단순히 그 생각을 확인하고 적으시오.

1. ______________________________

____

2. ______________________________

____

3. ______________________________

____

신뢰할 수 있는 사람과 위의 세 가지 해결책에 대해 상의하십시오.

정신건강 전문가 또는 의료 전문가, 긍정적인 지원 시스템 또는 그룹, 현명한 친구, 가족 구성원 또는 영적 또는 종교적인 지도자와 함께 세 가지 해결책을 읽고 다음 질문에 답해 최선의 선택을 확인하십시오.

- 각 해결책이 가진 장단점에 대해 논의하십시오.
- 어느 것이 가장 실현 가능합니까?
- 해결책을 실행할 능력이 있습니까?
- 해결책을 구현할 수 있습니까? 만약 그렇게 할 수 있다면, 어떻게 할 수 있을까요?

1, 2, 3 중 어느 해결책이 가장 성공가능성이 가장 높습니까? 왜 그 해결책이 성공가능성이 높습니까?

____

____

____

건강하지 못한 대처법

슬픔, 화남, 죄책감, 수치심, 공허감, 비탄 등을 느낄 때 상황을 바꿀 수 있는 것은 아무 것도 없다고 느낄 수도 있습니다. 불행하게도, 많은 사람들은 자신들의 고통을 처리하기 위해 건강에 좋지 않은 방법으로 대처하기도 합니다.

아래 표에 여러분에게 적용되는 건강하지 못한 대처 기술을 써주세요. 솔직하게 임해주십시오!

건강하지 못한 나의 대처법	내가 그렇게 하는 이유	나에게 미치는 영향
예: 알코올	술은 통증을 무디게 하고 졸리게 한다. 나는 잠이 들어 잊어버린다.	때때로 술은 나중에 후회할 충동적인 행동으로 이어진다.
알코올이나 담배		
마약		
먹기		
도박		

사랑하는 사람들에게 거짓말하거나 그런 척하기		
쇼핑 및 돈 쓰기		
안전하지 않은 성관계		
종일 TV 또는 소셜 미디어 보기		
자신을 고립시키기		
기타		

건강한 대처법

슬프고, 화나고, 죄책감, 수치심, 공허감, 비탄 등을 느낄 때, 상황을 바꿀 수 있는 것은 아무 것도 없다고 느낄 수도 있지만, 바꿀 수 있는 방법은 있습니다! 대처할 수 있는 건강한 방법이 있습니다!

아래 표 첫 번째 열의 항목 중에서 자신에게 해당하는 것을 기록해주세요. 솔직하게 임해주십시오!

건강한 나의 대처법	내가 그렇게 하는 이유	나에게 미치는 영향
예: 카페인·알코올·니코틴을 완전히 피한다.	몇 년 전에는 긴장을 풀기 위해 알코올을 마셨지만, 나는 긴장을 푸는 다른 방법을 찾았다.	나는 자연을 즐긴다. 나는 이야기할 수 있는 친구와 함께 밖에서 산책한다.
카페인·알코올·니코틴을 완전히 피하기		
신뢰할 수 있는 사람들의 지원 시스템을 만들기, 필요할 때 적절한 사람과 대화하기		
충분한 수면을 취하기, 너무 많이 자지 않기, 너무 적게 자지 않기		

신체 활동에 몰두하기		
시간관리 잘 하기		
만약 잘못된 것을 알았다면 다른 누군가에게, 혹은 당신 자신에게도 "아니오"라고 말하기		
이완 방법 사용하기		
자신의 삶을 통제하기, 다른 것들이 당신을 통제하지 못하게 하기		
사랑하는 사람과 시간을 보내기		
기타		

감정 기록하기

자신에게 상처를 내려고 하거나 자살 충동을 가진 십대청소년들은 종종 다양한 감정을 경험합니다. 이런 감정들이 자기 안에 갇혀있지 않도록 표현하는 방법을 찾는 것이 중요합니다. 자신의 감정을 표현하는 한 가지 방법은 감정을 기록하는 것입니다. 자신의 경험에 대해 쓰는 것은 자신이 느끼고 있는 것을 인식하고 그것을 정확하게 인정하는 데 도움을 줄 수 있습니다.

아래 표에 이번 주에 경험한 감정을 기록하십시오. 만약 이것이 도움이 된다면, 매주 계속하십시오. 만약 기록한 것을 공유하는 것을 원하지 않으면, 공유할 필요는 없습니다. 만약 당신이 공유한다면, 당신과 가까운 사람들이 당신이 느끼고 있는 감정을 이해하는 데 도움이 될 것입니다.

요일	오늘의 내 감정
일요일	
월요일	
화요일	
수요일	

목요일	
금요일	
토요일	

어떤 경향성이 있습니까? ______________________________

____

____

가장 좋았던 날은 언제이고, 그 이유는 무엇입니까? ______________

____

____

부정적인 생각에 도전하기

만약 스스로를 편안하게 하는 것과 관련된 부정적인 생각을 하고 있다면, 부정적인 생각은 아마도 여러분의 고통에 도움이 되지 않을 것이고 고통의 근원이 될 수 있을 것입니다. 사람들은 사고에 기초하여 행동하는 경향이 있습니다. 이것은 여러분의 생각(흔히 부정적인)이 특정한 행동과 감정을 촉진하고 증가시킬 수 있다는 것을 의미합니다. 예를 들어, '난 나 자신이 싫다. 내가 그런 바보 같은 말을 했으니.'와 같은 것을 혼자 생각한다면 아마 여러분은 슬플 것입니다. 하지만, 만약 스스로 "나는 다시는 그렇게 하지 않을 거야!"라고 말하고 그것을 실행한다면, 아마 기분이 좀 더 나아질 것입니다. 감정은 종종 당신이 생각하는 것에 의해 생성됩니다. 긍정적인 사고는 정반대의 효과를 나타내고 기분이 나아지도록 도와줄 것입니다.

부정적인 감정을 경험했던 최근의 두 번의 경우를 생각해 보십시오. 맨 위에 있는 네모에는 부정적인 감정을 쓰고, 두 번째 네모에는 감정을 자극한 생각을 기록하고, 세 번째 네모에는 결과로 나타난 행동을 기록하십시오.

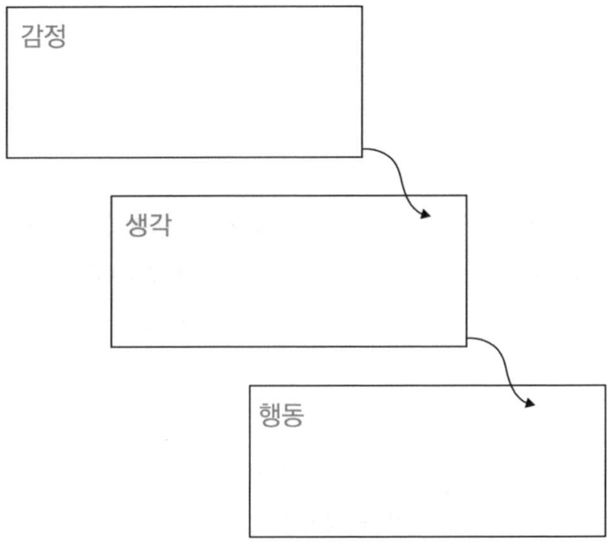
감정
생각
행동

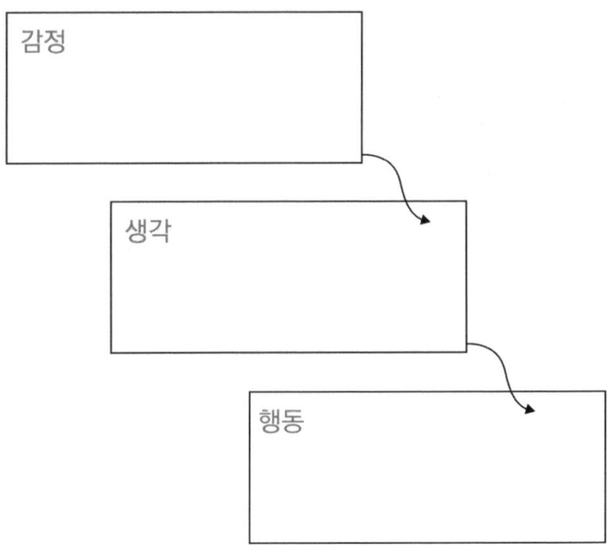
감정
생각
행동

부정적인 생각 바꾸기

감정은 생각으로부터 만들어집니다. 긍정적으로 생각한다면 감정은 긍정적으로 될 것입니다. 반면에 부정적으로 생각한다면 감정은 부정적으로 될 것입니다. 예를 들어 만약 "나는 나쁜 사람이다"라고 생각한다면, 당신은 슬플 것입니다.

아래 표의 왼쪽에는 부정적인 생각들 중에서 몇 가지를 확인하여 기록하십시오. 오른쪽에는 그 부정적인 생각을 긍정적인 생각으로 바꾸어서 기록하십시오.

부정적인 생각	더 긍정적인 생각
예: 나는 모든 사람에게 쓸모없는 존재다.	내가 비참할 때도 우리 가족은 나를 사랑한다. 회사 사람들은 내가 일을 잘한다고 생각한다. 우리 집 개는 가족 중에서 나를 가장 좋아해! 난 아무에게도 쓸모없는 존재가 아니야!

두 번째 열을 완성하는데 어려움이 있으면 신뢰할 수 있는 사람에게 도움을 요청하십시오. 이 과정은 더 긍정적인 감정을 가질 수 있게 해줄 것입니다.

자살 예방에 대한 인용문

다음 빈 칸에 있는 인용문이 여러분에게 어떤 의미인지, 그리고 삶에 어떻게 적용되는지를 적어보시오.

그저 그때 그곳에 파도가 칠 것이라는 이유로 포기하지 마라.

– 해리엇 비처 스토(Harriet Beecher Stowe)

상처받은 사람이 도움을 청하는 것은 그가 약하다는 의미가 아니고 강한 사람이라는 뜻이다.

– 버락 오바마(Barack Obama)

05

청소년 자살과 자해예방 전문가지침서

지 지

05

지 지

전문가를 위한 안내

스스로 자해를 하거나 자살로 죽을 생각을 하는 십대청소년들을 돕는 팀이 필요합니다. 이런 유형의 사회적 지지는 자살 생각을 촉발할 수 있는 스트레스를 경험하고 있는 십대청소년들을 돕는 데 매우 중요합니다.

지지는 십대청소년들에게 개인적·사회적·신체적·정서적 지원을 제공할 수 있는 사람이나 기관을 말합니다. 내담자가 필요하다고 생각하든 그렇지 않든 지지를 요청하고 받아들이는 것이 중요하다는 점을 내담자에게 상기시키는 것이 필요합니다.

가족, 친구, 전문가 및 다른 조력자들은 자살 예방에 매우 중요하며 여러 가지 방법으로 관련될 수 있습니다. 지지체계는 한 개인의 삶의 보호요인을 증가시키는 데 도움을 줄 수 있고 또한 자살 위기 때에 지지를 제공할 수 있습니다. 또한 내담자들이 치료 프로그램을 찾아 참여하도록 격려하고, 위기 기간 동안 내담자를 안전하게 보호할 것입니다.

이 장에서는 내담자가 다음과 같은 조치를 할 수 있게 도울 것입니다:

- 지지 수준 평가 및 탐색하기
- 도움을 구하고 수락하기 위한 계획을 수립하기
- 사회적 지지체계에 참여할 수 있는 사람들을 발굴하고 확인하기

개인 및 소규모 그룹과 함께 일하는 전문가들을 위한 치료 계획

아래의 각 항목은 이번 장의 평가 또는 활동 페이지와 관련되며 개인 또는 소규모 그룹과 함께 작업할 때 각 연습에 적용할 수 있는 추가적인 방법을 제시합니다. 각 활동은 전문가의 재량에 따라 사용할 수 있으며 유인물을 사용한 후 참가자가 각 페이지에서 다루는 자료와 관련된 학습을 진행하도록 도울 수 있습니다.

197쪽	지지 체계 검토
개인	체크리스트에 현재의 지지체계를 평가하여 "예" 또는 "아니오"에 표시하라.
소규모 그룹	지지 체계를 검토한 것을 전문가가 이끄는 모임에서 공유하라.
199쪽	전문가가 지지 체계 검토를 평가하기 위한 절차
개인	전문가는 지지체계 평가를 돕고 페이지에 제시된 개념을 설명하라.
소규모 그룹	도움을 주는 것 같았지만 그들의 조언이 적절하지 못했던 사람들과의 경험을 토론하라.
200쪽	위기 치료목표
개인	조언 목록을 사용하여 치료목표를 세우고 목표에 도달하는 방법을 확인하라.
소규모 그룹	정서적 강점의 목록을 만들어라. 교대로 어떻게 해야 하는지와 각각의 행동에 대한 예시를 공유하라.
202쪽	나의 지지팀
개인	각 범주의 지지자를 나열한다: 의료, 정신건강, 가족/친구, 영성
소규모 그룹	계약서: 참가자들은 지지자들의 목록이 제한된 사람들에게 다른 지지자를 찾는 방법을 제안하라.

204쪽	나의 변화들
개인	조언 목록에서 변화들, 영향 및 관련 스트레스를 줄이는 방법을 확인하라.
소규모 그룹	"기타"에 포함될 수 있는 변화의 유형과 관련 스트레스를 줄이는 방법에 대해 논의하라.
206쪽	나의 비상계획
개인	지지자, 제공자, 영적 지도자의 연락처와 현재 처방약 목록을 작성하라.
소교모 그룹	계약에 서명하는 것이 무엇을 의미하는지 토론하라. 약속을 지키는 것의 중요성에 대해 이야기하라.
208쪽	나의 경고신호
개인	원형도형에 경고신호를 쓴다.
소규모 그룹	잠재적으로 생명을 구한 경고신호를 인식했던 때의 이야기를 공유하라.
209쪽	나의 상황 묘사하기
개인	현재의 어려운 상황이 어떤지 보여주고, 만약 그것을 더 좋게 만든다면 어떻게 보일지 보여준다.
소규모 그룹	자신의 상황을 공유한다. 또래들은 그것을 해결하거나 더 나은 방법을 브레인스토밍하라.
211쪽	다른 사람의 지지
개인	사람들을 지지하는 것과 추가적으로 원하는 도움의 유형을 기록하라.
소규모 그룹	사람들에게 구체적인 도움을 요청하는 역할극을 하거나 그들에게 줄 메모를 작성하고 크게 읽는다.
213쪽	감정 조절
개인	부정적인 감정과 긍정적인 감정을 경험했을 때 나타나는 상황과 사람들의 모습을 비교하라.
소규모 그룹	부정적인 생각이나 긍정적인 생각이 부정적인 감정이나 긍정적인 감정을 부채질한 예를 들어보라.

215쪽	안전 동의
개인	피해야 할 위험한 행동을 기록하라. 위험한 행동을 할 충동이 발생하면 도움을 구하겠다고 약속하라.
소규모 그룹	약물이 충동성에 미치는 영향과 적절한 약물치료의 잠재적 가치에 대해 논의한다.
217쪽	축하하기
개인	지지팀과 함께 그리고 개인적으로 즐길 수 있는 긍정적인 강화를 계획하라.
소규모 그룹	자부심을 느껴보라. 건강한 삶을 살 때 자신들이 무엇을 할 것인지에 대한 비전을 공유하라.
219쪽	지지그룹 찾기
개인	본문을 읽는다. 해당 지역의 지지 그룹에 대한 연락처를 조사하고 문서화한다.
소규모 그룹	지지그룹 경험에 대해 토론하라. 모든 그룹이 동일하지 않으며, “적합한” 것을 찾으려면 시간이 소요된다.
221쪽	지지에 대한 인용문
개인	지혜를 구하는 방법을 상세히 기술하는 두 개의 인용문을 자신의 삶에 적용하라.
소규모 그룹	지혜에 대한 자신의 이야기를 공유한다. 지지에 관한 다른 인용문을 조사하라.

참가자를 위한 안내

지지는 청소년들에게 개인적·사회적·신체적·정서적 지원을 제공할 수 있는 모든 사람이나 장소를 의미합니다.

필요 여부와 상관없이, 지지를 찾고 받아들이는 것은 중요합니다.

지지체계 검토

지지체계 검토는 여러분의 삶에서 얼마나 많은 지지를 가지고 있다고 느끼는지 검토하도록 고안되었습니다. 이런 지지는 가족, 친구, 전문가, 지역사회기관, 온라인 웹사이트 등으로부터 제공될 것입니다.

각 문항에 대해, 자신을 가장 잘 설명하는 칸의 숫자에 동그라미를 하십시오. 문항이 참인 경우 '예' 아래에 있는 숫자에 동그라미를 하고 문항이 참이 아닌 경우 '아니요' 아래에 있는 숫자에 동그라미를 하십시오.

자해나 자살 생각이 떠오를 때 …	예	아니오
나는 도움이 되는 지지체계를 가지고 있다	2	1
내 삶에는 내가 대처할 수 있도록 돕는 사람들이 있다	2	1
나는 정신건강 전문가들과 만날 수 있다	2	1
나는 정기적으로 지지 그룹에 참여한다	2	1
나는 지금 위기대처 계획을 가지고 있다	2	1
나는 개인적인 이야기를 하는 가족 구성원이 있다	2	1
나는 영적 또는 종교적 지도자와 만나고 있다	2	1
나는 필요할 때 나에게 귀 기울여주는 친구들이 있다	2	1
내가 접근할 수 있는 지역사회 자원을 알고 있다	2	1
나에게 긍정적인 강화를 제공해주는 사람들이 있다	2	1
나는 내 인생에서 더 지지적인 사람을 찾을 수 있다	2	1
나는 어려움에 처한 사람들을 지지하는 것을 좋아한다	2	1
나는 기꺼이 지지 그룹을 만들 사람을 찾으려고 한다	2	1

나는 지지자들의 이름과 연락처 목록을 가지고 있다 ··············	2	1
나는 도움이 필요할 때 연락할 곳의 목록을 가지고 있다 ·······	2	1
나는 필요할 때 도움을 요청하는 것이 부끄럽지 않다 ············	2	1
나는 내가 말할 필요가 있을 때 들어줄 사람들을 알고 있다 ···	2	1

총점 = ______________

지지체계 검토를 평가하기 위한 임상절차

이 페이지는 내담자들이 위기 상황뿐만 아니라 일상의 삶에서 매일 얼마나 많은 지지를 받을 수 있다고 느끼는지에 대한 검토를 돕기 위한 것입니다.

프로파일 해석

점수가 높을수록 내담자의 지지체계가 더 좋아지고, 그들이 더 많은 지지를 받을 수 있다는 것을 의미합니다. 내담자에게 기분이 안 좋을 때 지지체계에 있는 사람들 모두에게 연락하도록 상기시켜야 합니다.

지지하는 많은 사람들이 하는 조언이 항상 현명하지 않을 수도 있다는 사실을 강조하십시오. 만약 그것이 긍정적인 방법으로 도움이 되지 않는다면, 다른 사람들을 찾을 필요가 있습니다!

만일 참가자가 생각했던 것보다 점수가 낮을 경우, 참가자와 함께 결과를 평가하고 보다 효과적인 지지체계를 개발하기 위한 계획을 세우는 것이 중요합니다.

이런 사람들 또는 정보는 훌륭한 지지원입니다!

정신건강 전문가 또는 의료 전문가,
긍정적인 지지체계 또는 모임,
현명한 친구, 가족 구성원, 영적 또는 종교적 지도자 등.
지역 또는 국가 자원 및 핫라인.

위기 치료목표

위기에 처한 사람들, 특히 자해나 자살 생각을 하고 있는 사람들에게는 미래의 안전은 물론 현재의 안전망을 제공하기 위한 치료목표가 필요합니다. 치료계획은 일반적으로 사람들이 필요한 목표를 설정하고 어떻게 이런 목표에 도달할 것인지 탐색하도록 요구합니다.

나의 주요 문제: ____

치료목표를 설정하기 위해 다음 표를 완성하십시오.

치료 측면	나의 목표	목표를 달성할 수 있는 방법
예: 나의 경고신호 인식하기	내 행동이 갑자기 변하는 때를 더 잘 알 필요가 있다.	내 몸이 나에게 말하고 있는 것을 좀 더 표현하고 의식한다. 즉시 지지자에게 연락한다.
나의 경고신호 인식하기		
대처능력 부족		
나의 힘에 의지하기		

나의 약점 극복하기		
나의 지지 관계 이야기하기		
희망을 느낌		
기타		

나의 지지팀

사람이 자해나 자살을 고려하고 있을 때, 도움을 줄 수 있는 팀이 있는 것이 매우 중요합니다. 사람의 생각이 극단적으로 변할 때, 지지팀은 해답과 지원을 제공하는 데 도움을 줄 수 있습니다. 이런 지지는 위기 상황에서의 경험을 바탕으로 다양한 형태를 취할 수 있고 다양한 요구를 충족시킬 수 있습니다.

아래의 빈 칸에, 당신의 지지팀에 있는 몇몇 사람들에 대한 이야기를 기록하십시오.

의료 전문가
정신건강 전문가
지지체계(친구, 가족 등)

영적 또는 종교적 지도자

계약

만약 내가 위의 각 범주 안에 한 명 이상의 사람들을 적지 않았다면, 나는 앞으로 이틀 이내에 누군가를 찾아서 그 사람과 함께 모일 것을 약속한다.

이 름 ____________________ 날짜 ____________________

참관인 ____________________ 날짜 ____________________

나의 변화들

십대청소년들은 종종 무언가로 인해 스트레스를 받고 불안해하며 그로 인해 삶에서 특정의 변화를 일으키기도 합니다. 이것들은 위기 상황을 촉발시킬 수 있습니다. 극도로 걱정하고 있는 어떤 스트레스 요인에 대해 알아보는 시간을 갖는 것은 중요합니다.

아래 줄에 지금 당장 당신에게 엄청난 스트레스를 주는 현재 삶에서의 변화에 대해 쓰고, 그 다음 아래표의 빈칸을 완성하십시오.

나와 내 삶에 변화를 일으키고 있는 현재 스트레스 요인: ______________

____

____

나의 변화들	시간이 지남에 따라 이 변화가 나에게 영향을 미칠 수 있는 방법	스트레스를 줄이는 방법
예: 나의 감정 변화	나의 불안은 고조되고, 초조해지고, 변덕을 부리고, 잠을 이루지 못하고, 울고, 남에게 심술을 부린다.	지지해주는 사람과 대화한다. 한 사람이 도와주지 않으면, 나는 다른 사람에게 갈 것이다.
나의 감정 변화		

나의 행동 변화		
나의 인간관계 변화		
나의 직장이나 자원봉사 일에서의 변화		
식생활의 변화		
수면의 변화		
기타		

나의 비상계획

비상사태의 경우, 아프거나 자해를 생각하거나 자살할 경우, 당신과 지지자들이 접근할 수 있는 계획을 세우는 것이 도움이 될 것입니다. 이 문서를 작성하기에 가장 좋은 시기는 당신이 일상을 잘 영위하고 있을 때입니다. 작성할 것이 더 있으면 다른 페이지에 추가로 작성할 수 있습니다.

이름 ______________________________

주소 ______________________________

전화번호 ______________ 기타 전화번호 ______________

이메일 주소 ______________________________

생일 ______________

성별 여성 ______ 남성 ______ 기타 ____________

비상 연락처: 만약 당신이 위급한 상황에 처해 있다면 연락하고 싶은 사람은 누구인가?

이름	관계	전화번호	기타 전화번호	이메일

치료약: 당신이 복용하고 있는 약은 무엇이며, 무슨 이유로 복용하고 있는가?

치료약	용도	일반의약품 또는 처방약	처방의	복용량

서비스 공급자: 당신의 의료적·정신적 건강전문가는 누구인가?

공급자	이름	전화번호	주소

연락할 영적 또는 종교적 지도자 목록을 나열하시오.

기관	이름	전화번호	주소

필요하면 이 목록에 있는 사람(들)에게 연락할 것을 약속합니다.

서명 ____________________ 날짜 ____________________

나의 경고신호

언제 여러분이 위기에 처하게 되는지를 알기 위해서는 경고신호를 인식하고 아는 것이 중요합니다. 경고신호는 "지금" 도움이 필요하다는 것을 알게 할 것입니다.

아래 원에 당신이 지지자들에게 도움을 요청할 필요가 있음을 나타내는 자해 또는, 자살 위기의 특정 경고신호(가슴이 답답함, 얕은 호흡, 떨림, 자해 생각 등)를 경험하고 있음을 알 수 있게 하는 방법을 적어보시오.

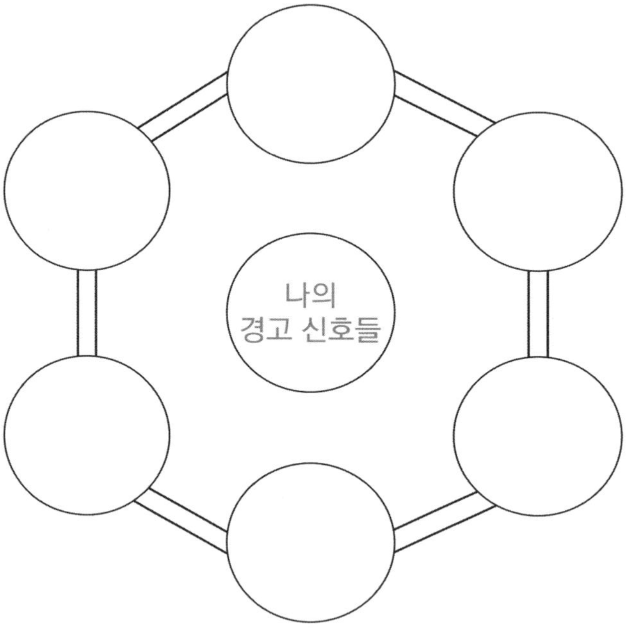

당신이 위기에 처해 있고 지금 당장 도움이 필요하다면 응급서비스전화(112, 119, 1393)에 전화하거나, 주변에 도와줄 사람이 없다면 가까운 근처의 병원이나 응급센터를 찾아가십시오.

나의 상황은 어떠한가

만약 자신을 해칠 생각을 한다면, 당신은 아마도 그것에 대해 어떤 표정과 느낌을 가지고 있을 것입니다. 마치 상자 속에 갇힌 것처럼 보이거나 어두운 방에 혼자 앉아 있는 것처럼 보일 수도 있습니다.

여러분이 처한 상황이 여러분에게 어떻게 보이는지 상상해보고, 그림을 그리거나, 낙서를 하거나, 잡지나 컴퓨터 컷 아웃으로 콜라주를 만들거나, 그것을 아래에 묘사해보십시오. 다른 종이를 추가로 사용할 수 있습니다.

만약 그것을 해결하고 더 좋게 만들 수 있다면, 여러분의 상황이 어떤 모습일지 상상해 보십시오.

위의 작업을 다 했으면 큰 ×를 상단 그림 위에, 큰 체크표시를 하단 그림 위에 표시하십시오. 여러분이 그것을 어떻게 해결할 수 있는지 여러분을 도울 누구와 이야기할 수 있습니까?

다른 사람의 지지

사람들은 자해나 자살에 대한 생각을 할 때, 자주 자신을 고립시키고 이것은 상황을 더 악화시킵니다. 인생의 도전에 대처할 수 있는 중요한 요소는 다른 사람들의 지지를 받는 것입니다.

자신의 감정에 대해 말하는 것이 불편할 때도, 인생의 이야기를 나누는 것은 중요합니다. 감정적인 고통을 좀 더 완화하기 위해 이야기를 공유하십시오. 지지 체계에 있는 친구, 가족, 그리고 의료 전문가들은 말을 듣고, 감정을 처리하는 것을 도울 수 있으며, 현재 경험하고 있는 것을 이해하는 데 도움을 줄 수 있습니다.

아래에 여러분에게 지지를 제공하거나 제공할 수 있는 가족 또는 친구를 나열하십시오.

가족/친구(별칭)	이 사람이 지금 지지하는 방식	이 사람에게 요구하는 그 밖의 것
예: ○○○	그는 자신이 나를 얼마나 사랑하고, 내가 잘되기를 얼마나 원하는지 말해준다.	내 마음을 말하기 시작하자마자 그는 바쁘다고 가버린다. 나는 그가 더 내 말을 들어주었으면 좋겠다.

아래에 지지를 제공하거나 제공할 수 있는 의료 전문가를 나열하십시오.

의료전문가(별칭)	이 사람이 지금 지지하는 방식	이 사람에게 요구하는 그 밖의 것
예: ○○○	그는 나에게 내가 필요하다고 느끼는 때는 언제든 전화하라고 말한다.	나는 그와 연락이 안 된다. 그는 때때로 이틀 후에 전화한다.

위의 두 개의 표에서 세 번째 열에 쓴 글을 사용해, 정중하게 도움을 요청하기 위해서 그 사람에게 읽어주십시오. 또는 당신이 쓴 것을 노트에 적어보십시오.

감정 조절

조절력을 잃지 않기 위해 자신의 감정을 모니터링하는 것은 중요합니다. 초기 경고신호나 증상을 파악함으로써, 위기 발생을 막을 수 있습니다. 긍정적인 상황과 부정적인 상황에서의 감정 차이를 알아차릴 수 있을 것이고, 또한 자신을 돌봐야 할 때와 도움을 요청해야 할 때를 알게 될 것입니다.

■ 긍정적으로 느낄 때 …

무엇을 하고 있습니까? ____________________

____

____

누구와 같이 있습니까? ____________________

____

____

어디에 있습니까? ____________________

____

____

무슨 일이 일어나고 있습니까? ______________________________

____

____

■ 부정적으로 느낄 때 …

무엇을 하고 있습니까? ______________________________

____

____

누구와 같이 있습니까? ______________________________

____

____

어디에 있습니까? ______________________________

____

____

무슨 일이 일어나고 있습니까? ______________________________

____

____

이런 부정적인 감정을 바꿀 수 있는 몇 가지 방법은 친구에게 전화를 걸어 이야기하거나 명상하거나 자신의 생각이 감정을 자극하지 않도록 하는 것입니다.

안전 동의

이 동의의 빈칸을 채움으로써, 어떤 종류의 자해도 유발하지 않는 방법으로 남은 인생을 안전하게 사는 것에 동의하는 것입니다.

이 동의를 완료한 후, 서명하고 날짜를 기입하십시오. 이것을 매일 볼 수 있도록 편리하게 보관하십시오.

나 ______________ 는, 어떤 방법으로도 자신을 해치지 않기로 동의합니다.
이름

나는 외상의 고통에서 벗어나기 위해서 아래에 기록한 행동을 하지는 않을 것입니다.

- 다음과 같은 모든 불법 약물 사용______________________________
  ____
- 다음 방법으로 내 신체를 손상시키기____________________________
  ____
- 다음 방법으로 자신을 해치기__________________________________
  ____

• 다음과 같은 고위험 활동의 참여 ____________________

____

나는 다음과 같이 느낄 때 전문적인 도움을 요청하는 것에 동의합니다.

____

____

____

위와 같은 사실을 아는 것에 내가 동의하는 사람: ____________________

도움을 주는 사람이 함께 이것에 서명함으로써 이익을 얻을 수 있습니다. 여러분과 여러분이 갖기를 원하는 다른 지지자를 위해 복사해두십시오.

내 서명 ____________________ 날짜 ____________________

공동 서명자 ____________________ 날짜 ____________________

축하하기

유혹을 받았지만 안전하게 지내는 것에 대한 성공을 축하하는 일은 중요합니다. 이 축하는 자신이나 지지하는 사람들과 함께 할 수 있습니다. 성공을 축하함으로써, 계속 나아갈 희망과 추진력을 얻게 될 것입니다. 비록 자신을 해치지 않는 데 성공한 것을 모두에게는 말하고 싶지 않더라도, 여러분을 지지하는 중요한 사람들과 함께 축하해보십시오.

- 나를 지지하는 중요한 사람들

____

____

____

____

____

- 건강하고 안전한 방법으로 지지하는 사람들과 축하할 것

____

____

____

____

____

▪ 건강하고 안전한 방법으로 나 혼자 축하할 것

____

____

____

____

▪ 지금 자신을 해치지 않고 ________일이 지났으니, 나는 특별히 다음과 같은 것이 자랑스럽습니다.

____

____

____

____

정말 잘했습니다! 만약 재발하더라도 자신에게 화를 내서는 안 된다는 것을 기억하는 것은 중요합니다. 스스로에게 **"내가 마주친 촉발요인은 무엇인가? 내가 무엇을 다르게 할 수 있었을까?"**라고 묻는 것도 이전과는 다르게 무엇인가를 배운 것입니다. 미끄러졌다고 해서 다시 원점으로 돌아온 것은 아닙니다. 하루에 한번 시간을 가질 것을 명심하고 앞으로 계속 해 나아가십시오. 그러면 좋은 날이 올 것입니다!

지지그룹 찾기

많은 사람들이 여러분이 겪고 있는 것과 정확하게 똑같은 것을 경험하고 있기 때문에, 혼자서 위기를 겪지 않아도 됩니다. 상황은 다를 수 있지만, 그들은 여러분이 처한 것과 같은 감정적인 고통을 경험하고 있습니다.

여러분이 겪고 있는 것을 이해하는 사람들과 대화하는 것은 자해 그리고 자살 생각과 감정에 대처하는 가장 좋은 방법 중 하나입니다. 지지그룹에서 자신에게 해를 끼친 적이 있거나, 자살하려는 생각을 갖고 있거나, 과거에 자살을 시도한 적이 있는 다른 사람들과 대화함으로써 위안을 찾을 수 있을 것입니다.

어려운 시기를 헤쳐 나갈 수 있도록 도움을 주는 사람들을 이해하는 사회 지지망의 일부가 되는 것은 도움이 될 것입니다. 지역사회 서비스 위원회, 치료자 또는 지역 병원에 연락하여 지지 그룹에 대한 정보를 얻을 수 있습니다. 여러분이 살고 있는 도시의 지지 그룹을 웹에서 검색할 수 있습니다.

그룹을 전문적으로 이끄는 전문가가 있는 것이 중요합니다.

지지그룹은 안전망이며, 공유할 수 있는 곳입니다.

그룹은

- 느낌과 좌절감을 표현하기에 안전한 장소입니다.
- 사람들이 유사한 감정을 공유할 수 있는 신뢰성을 제공합니다.
- 고립감을 감소시킵니다.
- 그룹이라는 한계를 넘어설 수 있는 지지망을 구축합니다.

돌봄 지지 그룹은 다음을 공유하고 배울 수 있는 곳입니다

- 정보
- 대처 전략
- 일반적인 문제에 대한 해결책
- 가족 구성원들을 다루는 기술

해당 지역의 지지 그룹과 관련된 다음 정보를 입력하십시오.

지역에 있는 지지 그룹 ______________________________

그룹 모임 시간 및 장소 ______________________________

그룹으로부터 얻고 싶은 것 ______________________________

지지에 대한 인용문

다음 줄에, 인용문들이 당신에게 무엇을 의미하는지 그리고 각각의 인용문들이 당신의 삶에 어떻게 적용되는지 설명하십시오.

당신의 시간, 에너지, 그리고 대화를 당신에게 영감을 주고 당신을 지지하고, 당신이 가장 행복하고 강하고 지혜롭게 성장하도록 도울 수 있는 것에 집중하라.

— 미스티 코플랜드(Misty Copeland)

06

청소년 자살과 자해예방 전문가지침서

전문가와 참가자를 위한 지지자원

06 전문가와 참가자를 위한 지지자원

지지자원은 자해와 자살 예방에 관한 부가적인 정보를 제공하기 위해 고안되었습니다.

촉진자로서, 다음의 자원들을 다양한 방식으로 사용할 수 있습니다.

- 지지자원을 자살, 자해와 자살 예방에 대해 더 많이 알기 위해 사용할 수 있습니다.
- 그룹에 참여한 사람들 또는 지지자들을 위해 유인물을 만들고 배부할 수 있습니다.
- 회기를 보충하기 위해 지지자원을 사용할 수 있습니다.

227쪽	자해를 어떻게 치료했는가?
	( )병원 ( )센터
228쪽	자해의 이유
	자해와 자살관련 전문기관
229쪽	지지자원 찾기
	청소년상담복지개발원, Wee센터, 자살예방센터, 청소년폭력예방재단 등
230쪽	한국의 자살통계: 자살률, 자살시도 등
	보건복지부, 질병관리청 등
239쪽	자살위기에 처한 사람을 도와줄 수 있는 응급전화
	1393, 1577-0199, 1388, 129 등
	자해하려는 사람을 도와줄 수 있는 곳
	자해관련 전문기관
	지역사회 자원
	전문가: 참가자들에게 배포할 지역사회의 자원, 지역 또는 국가 핫라인, 정신 또는 신체 전문가 등에 대한 정보를 기록하라.

자해치료하기

치료는 사람들이 자해행동을 중단하도록 돕는 데 사용할 수 있습니다.

- 인지행동치료는 사람들이 촉발감정을 더 건강한 방법으로 인식하고 이야기하는 것을 도와줄 수 있습니다.

- 외상 후 스트레스 치료는 학대나 근친상간 경험을 하고 자해행동을 하는 사람에게 도움이 될 수 있습니다.

- 집단치료는 자해와 관련된 수치심을 줄이고 감정을 건강한 방식으로 표현할 수 있도록 지지하는 데 도움이 될 수 있습니다.

- 가족치료는 자해행동과 관련된 가족 스트레스의 경험을 이야기하는 데 도움이 될 수 있고, 가족 구성원들이 서로 더 직접적으로 그리고 판단하지 않고 의사소통하는 법을 배우는 데 도움을 줄 수 있습니다.

- 부가적으로 최면술이나 다른 자기이완 기법은 자해행동 이전에 일어나는 스트레스와 긴장을 감소시키는 데 도움이 될 수 있습니다.

- 항우울제나 항불안제와 같은 약들은 스트레스에 대한 초기 충동적인 반응을 감소시키는 데 사용될 수 있을 것입니다.

자해의 이유

자해를 하게 하는 단 하나 혹은 단순한 이유는 없다.

■ 일반적으로

- 비자살적 자해는 일반적으로 심리적인 고통을 건강한 방식으로 대처하지 못한 결과입니다.
- 사람들은 자신의 감정을 조절하고, 표현하고 이해하기 힘들어하는 경우가 있습니다. 자해행동을 유발하는 감정의 고통은 매우 복잡합니다. 예를 들어 무가치감, 외로움, 공포, 분노, 죄책감, 거부감, 자기혐오 또는 혼란스러운 성 정체성 등이 있습니다.

자해를 통해 사람들은 …… 하려고 합니다.

- 심각한 고통이나 불안을 관리하거나 감소시키고 안도감을 느끼려고
- 신체적인 고통을 통해 고통스러운 감정에서 벗어나려고
- 자신의 신체, 감정 또는 생활환경에 대한 통제감을 느끼려고
- 정서적으로 공허함을 느낄 때 신체적인 고통일지라도 무엇인가를 느끼려고
- 외현적인 방식으로 내적인 느낌을 표현하려고
- 우울증이나 고통스러운 감정을 외부에 전달하려고
- 잘못에 대한 처벌을 받으려고

지지체계 찾기

여러분 혹은 여러분이 아는 누군가가 힘들어하고 있다는 것을 안다면, 혼자가 아닙니다. 도움이 될 수 있는 많은 지지, 서비스와 치료적인 대안들이 있습니다. 행동이나 감정에서의 변화는 정신건강 상태에 대한 조기 경고신호일 수 있으므로 절대로 무시해서는 안 됩니다. 매우 많은 종류의 정신질환이 있으며, 사람들이 겪게 되는 어려움을 단순화하는 것은 쉽지 않습니다.

다음은 도움을 제공할 때 고려해야 하는 사항입니다.

- 여러분이나 여러분이 아는 누군가가 자살하려는 위기라면, 당장 자살위기 응급전화(1393, 1577-0199)를 하거나 병원의 응급실에 가야 합니다.

- 자신의 상태가 경미하거나 중간 정도여서 며칠 기다릴 수 있다면, 자신의 주치료자나 의사와 예약을 하십시오.

- 만약 증상이 중간에서 심한 정도라면 정신과 의사와 같은 특화된 의사와 예약을 하십시오. 지역사회 정신건강증진센터를 찾아가거나 의뢰를 할 수 있는 주건강서비스 제공자를 만날 필요가 있을 수도 있습니다.

- 여러분 또는 자녀가 학교 또는 대학에 다닌다면, 학교의 지지 서비스에 대해 알아보십시오.

- 지역사회에 있는 지원집단을 찾아보고 자신의 증상과 진단에 대해 알아야 합니다. 학교의 지지와 지식은 대처하는 데 매우 소중한 도구입니다.

한국의 자살과 자해의 실태

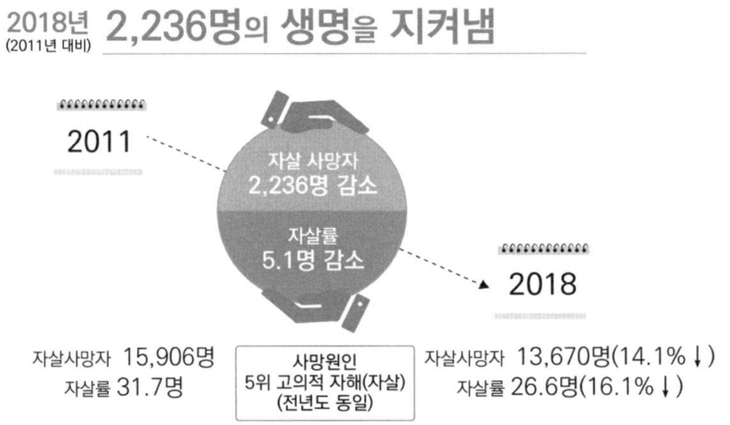

© 통계청, 2011~2018년 사망원인 통계

우리나라의 2018년 자살자 수는 전년 대비 9.7% 증가('17년 12,463명 → '18년 13,670명)하였으며 자살률(인구 10만 명당 명)은 9.5% 증가('17년 24.3명 → '18년 26.6명)하였다. 이런 자살 관련 지표는 최고치를 기록하였던 2011년 대비 자살자 수는 14.1% 감소한 상태('11년 15,906명 → '18년 13,670명), 자살률은 16.1% 감소('11년 31.7명 → '18년 26.6명)한 상태이다. 이런 우리나라의 자살실태는 자살률(OECD 표준인구 10만 명당 명)은 24.6명('16년)으로 OECD 회원국 중 가장 높고, OECD 평균(11.5명)보다 2.1배 높다.

인구통계학적 변인에 따른 차이

• 성별에 따른 2018년 자살률은 남자(38.5명)가 여자(14.8명) 보다 2.6배 높고, 전체 자살사망자 중 남자는 72.1%, 여자는 27.9%를 차지한다. 2017년 대비 자살률은 남자 3.6명(10.4%), 여자 1.0명(7.4%) 증가한 것이고 최근 5년간 자살률의 연평균 증감률은 남자가 0.1% 증가, 여자는 2.1% 감소한 것이다.

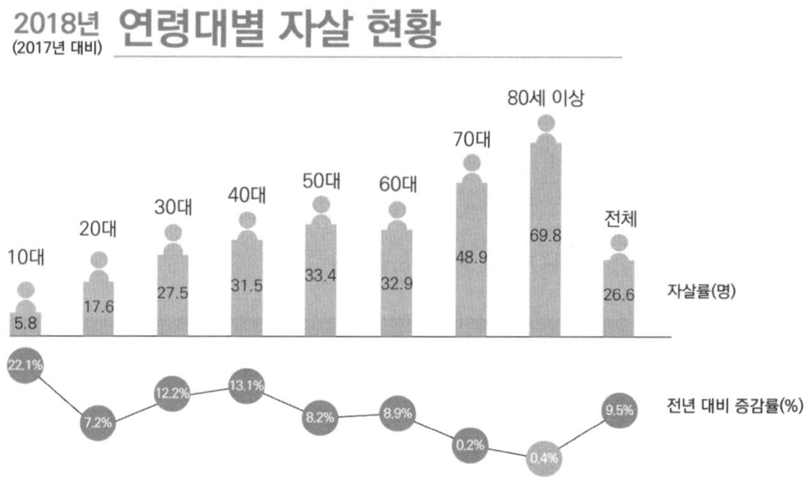

ⓒ 통계청, 2017~2018년 사망원인 통계

• 연령에 따른 2018년 자살자 수는 50대(2,812명)가 가장 많았고, 자살률은 전반적으로 연령대가 높을수록 증가하여 80세 이상(69.8명)이 가장 높았다. 2017년 대비 80세 이상(−0.4%) 연령층을 제외한 전 연령에서 증가한 상태이고 증가율이 가장 높은 연령대는 10대(22.1%)이다. 최근 5년간 자살률의 연평균 증감률은 10대는 6.5% 증가하였으나 20대 이상 연령대는 모두 감소했는데 가장 크게 감소한 연령대는 70대(−4.0%)이다. 연령대별 자살률은 OECD 회원국 중 30대, 70대 이상 연령층에서 가장 높다.

- 청소년(9~24세)의 자살자 수는 827명, 자살률은 9.1명으로 2017년 대비 자살자수는 105명(14.5%) 증가, 자살률은 1.4명(17.8%) 증가하였다. 청소년(10~24세) 자살률은 8.2명('16년)으로 열 번째로 높고 OECD 평균(5.9명) 보다 1.4배 높다. 5년간 청소년 자살률은 연평균 5.2% 증가했는데 청소년 자살률은 남자(10.0명)가 여자(8.1명) 보다 1.2배 높고, 전체 자살사망자 중 남자는 57.6%, 여자는 42.4%를 차지하였다. 청소년의 자살 수단은 추락(39.3%)이 가장 많았다.
- 노인(65세 이상) 자살자 수는 3,593명, 자살률은 48.6명으로 2017년 대비 자살자수는 221명(6.6%) 증가하고 자살률은 0.9명(1.9%) 증가하였다. 노인의 자살률은 OECD 회원국 중 가장 높고, OECD 평균(18.4명) 보다 2.9배 높다. 5년간 노인 자살률의 연평균 증감률은 3.3% 감소했는데 노인자살률은 남자(82.2명)가 여자(23.7명)보다 3.5배 높고, 전체 자살사망자 중 남자는 72.1%, 여자는 27.9% 비율 차지하였다. 노인의 자살 수단은 목맴(52.7%)이 가장 많았다.
- 지역에 따라 2018년 지역별 연령표준화 자살률은 서울(18.9명)이 가장 낮으며, 충남(29.8명)이 가장 높았다. 교육정도별 2018년 자살 현황은 고등학교 졸업(36.5%)이 가장 많고, 다음으로 대학교 졸업(24.1%), 초등학교 졸업(14.3%) 순으로 많았다. 최근 5년간 무학, 초등학교 및 중학교 졸업은 감소 추세이지만 대학교 및 대학원 이상 졸업은 증가 추세이다.
- 수단별 자살 현황을 보면 목맴(52.1%), 추락(16.6%), 가스 중독(15.7%), 농약 음독(5.9%) 순으로 많았고 2017년 대비 증가율은 약물 음독 41.7%로 가장 높았다. 목맴은 제주(58.2%), 추락은 광주(24.9%), 가스 중독은 울산(19.2%), 농약 음독은 전남(13.5%)에서 비율이 가장 높았다.
- 발생장소는 주택(64.3%), 기타 명시된 장소(15.1%), 상업 및 서비스 구역(7.0%), 도로 및 고속도로(4.4%) 순으로 많았고 2017년 대비 증가율은 집단 거주시설에서 44.1%로 가장 높았다.
- 월별 자살 현황은 자살로 인한 사망은 3월(10.3%)에 가장 많고, 2월(7.0%)에 가장 적었다. 2017년 대비 증가율 3월에 35.9%로 가장 높았다.

- 자살의 동기는 정신적·정신과적 문제(31.6%), 경제생활 문제(25.7%), 신체적 질병 문제(18.4%)순으로 높았고 남자는 경제생활 문제(30.8%), 여자는 정신적·정신과적 문제(48.2%)가 가장 높았다. 연령별로는 10~30세는 정신적·정신과적 문제, 31~60세는 경제생활 문제, 61세 이상은 육체적 질병 문제가 가장 높았다.

자해·자살 시도 현황

- 2018년 응급실 내원한 자해·자살 시도는 전년 대비 18.3% 증가('17년 28,278건 → '18년 33,451명)했다. 여자(55.7%)가 남자(44.3%)보다 1.3배 많고, 연령대는 20대(22.2%)가 가장 많았다. 지역은 경기와 서울이 전체 자해·자살 시도의 45% 차지하고 그 외의 지역은 각각 10% 미만이었다. 자해·자살 시도의 수단은 중독(57.4%), 베임·찔림(24.3%), 질식·목맴(6.7%)순으로 많았고 7월(9.3%), 8월(9.2%), 5월(9.2%)에 가장 많았고, 2017년 대비 증가율이 4월에 32.0%로 가장 높았다.
- 2018년 청소년의 자살생각률은 13.3%, 자살계획률은 4.4%, 자살시도율은 3.1%였으며 폭력으로 인한 병원 치료 경험이 있는 학생의 자살생각률은 42.3%, 약물 경험이 있는 학생의 자살생각률은 39.4%, 우울감 경험이 있는 학생의 자살생각률은 38.2%이었다.
- 2018년 성인의 자살생각률은 4.7%, 자살계획률은 1.1%, 자살시도율은 0.5%였으며 자살생각률이 여자(6.0%)가 남자(3.4%) 보다 높고, 연령대가 높을수록 증가하여 65세 이상 노년기(7.1%)가 가장 높았다. 현재 우울증을 앓고 있는 성인의 자살생각률은 27.0%, 주중 평균 수면시간이 4시간 미만인 성인의 자살생각률은 25.1%, 주관적 건강상태가 나쁜 성인의 자살생각률은 12.5%이었다.

자살하려는 사람을 돕는 5단계

1. 질문하기

어떻게 – “자살을 생각하고 있는가?”라는 질문은 비판단적이고 지지적인 방식으로 자살에 대해 이야기하기 위해 개방되어 있다는 것을 전달하는 것입니다. 이렇게 직접적이고 편견 없는 태도로 질문하는 것은 정서적인 고통에 대한 효과적인 대화를 가능하게 하고 모든 사람들이 다음 단계에서도 필요한 것에 개입할 수 있도록 합니다. 여러분이 할 수 있는 다른 질문은 “어떻게 상처를 내려고 하는가?”와 “내가 도와줘도 되는가?” 등이 있습니다. 자살생각을 비밀로 하겠다는 어떠한 약속도 하지 마십시오.

“질문” 단계에서 중요한 것은 “경청”입니다. 특히 자살에 대한 생각을 하고 있음을 나타내는 경우, 그들의 대답을 심각하게 받아들이고 무시하지 않아야 합니다. 그렇게 감정적인 고통 속에 있는 이유를 듣는 것 뿐 아니라 계속 살아있기를 원하는 어떤 잠재적인 이유에도 귀를 기울이는 것은 그들이 여러분에게 무슨 일이 일어나고 있는지를 말할 때 매우 중요합니다. 살아가는 이유에 집중할 수 있도록 돕고, 살아있어야 할 이유를 강요하려 하지 않도록 해야 합니다.

왜 – 연구에 따르면 위험에 처한 개인에게 자살생각에 대해 물어본다고 해서 자살이나 자살 생각이 증가하지 않습니다. 실제 연구에서는 이와는 정반대의 결과를 보여줍니다. 연구결과들은 자살에 대해 인정하고 이야기하는 것이 자살에 대한 생각을 증가시키기보다는 자살에 대한 생각이 오히려 줄어들 수도 있다는 것을 나타냅니다.

2. 안전 확보하기

어떻게 – 모든 사람이 같은 입장에 서는 것이 가장 중요합니다. “질문” 단계 다음에 자살에 대해 이야기하기로 결정했다면, 당장 안전을 확보하기 위해 할 수 있는 것을 찾는 것이 중요합니다. 여러분과 이야기하기 전에 자살하려는 사람이 이미 자신을 죽이기 위해 무엇인가를 했는가? 그 사람이 어떻게 자살할 것인지에 대해 생각하고 있는가? 구체적이고 세부적인 계획을 가지고 있는가? 그들이 계획을 세운 때는 언제인가? 그들이 세워놓은 계획된 방법에 어떻게 접근을 할 것인가?

왜 – 이런 질문에 대한 대답은 그 사람이 처해있는 위험성의 시급성과 심각성에 대해 알 수 있게 해줍니다. 예를 들어 더 많은 단계와 세부적인 부분들이 구체적일수록, 심각성은 더 높고 그들이 세워놓은 계획대로 할 가능성은 더 높아집니다. 또는 치명성이 높은 수단에 당장 접근할 수 있고 자살시도가 심각할수록, 나머지 단계(전문가에게 전화하거나 응급실로 데리고 가는 것과 같은)가 필요할 수 있습니다. 자살 응급전화는 항상 이런 상황이나 다음에 무엇을 해야 할지 분명하지 않을 때 지지자원으로서 활용할 수 있습니다.

3. 함께하기

어떻게 – 이것은 누군가를 위해 물리적으로 존재하거나, 당신이 할 수 있을 때 그들과 통화하거나, 위험에 처한 사람을 지지하는 다른 방법을 의미합니다. 이 단계에서 중요한 것은 당신이 그 사람을 지지할 수 있을 것이라고 말하는 방법들을 끝까지 따르도록 하는 것입니다. 당신이 원하지 않거나 성취할 수 없는 어떤 것도 약속하지 않아야 합니다. 만약 당신이 자살에 대한 생각을 가진 누군가와 물리적으로 함께 있을 수 없다면, 도와주는 것이 가능할 다른 사람(다시 말하지만, 흔쾌히 그리고 할 수 있고 적합한 사람)을 찾는 것에 대해 이야기를 할 수 있습니다. 이 단계에서도 경청은 매우 중요합니다. 가장 효과적인 도움의 원천이 될 것이라고 믿는 사람을 알아내십시오.

왜 – 자살에 대한 생각을 가진 누군가를 위해 그곳에 있는 것은 생명을 구하는 것입니다. 다른 사람과 연결성을 높이고 고립(장·단기적으로 모두)을 제한하는 것은 자살에 대한 보호 요인입니다. 누군가 이런 상태를 경험할 때, 인식된 부담감(격리적인 행동과 목적의식의 결여를 통한 "연결성"과 결합됨)과 획득된 능력(죽음에 대한 낮은 공포와 습관화된 폭력의 경험)이 결합되면, 그들의 위험은 심각하게 높아질 수 있습니다.

4. 연계하도록 돕기

어떻게 – 자살에 대한 생각을 가진 누군가가 지속적인 지원과 연결이 되도록 돕는 것은 그들이 위기에 처한 순간들을 위한 안전망을 구축하는 데 도움을 줄 수 있습니다. 안전망의 추가 구성요소는 해당 구성요소를 지역사회의 지원 및 자원과 연결하는 것입니다. 자살생각을 가진 사람들과 함께 이런 가능한 지원 중 몇 가지를 살펴보십시오. '현재 정신 건강 전문가와 만나고 있는가? 과거에도 있었나? 이것이 현재 그들을 위한 선택인가? 지역사회에 효과적으로 도울 수 있는 다른 정신 건강 자원이 있는가?'

그들이 연결할 방법을 찾을 수 있도록 돕는 한 가지 방법은 그들과 함께 안전계획을 개발하는 것입니다. 이것은 그들이 그 위기 순간에 무엇을 해야 하는지와 함께 자살에 대한 중요하고 심각한 생각을 경험하기 시작하는지를 확인하는 방법을 포함할 수 있습니다. 또한 안전계획에는 위기가 발생했을 때 연락할 개인들의 목록이 포함됩니다.

왜 – 자살예방 위기전화에 전화를 한 사람은 훈련받은 상담자가 진행하는 전화 상담이 끝날 때 덜 우울하고, 자살위기가 약화되고, 덜 위협적이고, 더 희망적으로 느끼기 쉽습니다. 이렇게 좋아지는 것은 판단하지 않고 경청하는 것, 삶의 이유 탐색과 지지네트워크의 구성과 같은 상담자의 개입과 관련됩니다.

5. 추후 관리

어떻게 – 자살에 대한 생각을 경험하는 사람과 처음 접촉한 후, 그리고 그들이 필요로 하는 즉각적인 지원 시스템과 연결한 후에는, 그들이 어떻게 지내고 있는지 알아보기 위해 반드시 후속 조치를 취하십시오. 메시지를 남기거나 문자를 보내거나 전화를 하십시오. 추후 관리는 여러분이 도울 수 있는 더 많은 것이 있는지 또는 여러분이 하겠다고 말했고 아직 그 사람을 위해 할 수 있는 기회를 갖지 못한 것이 있는지를 확인하기 위해 그들과 함께 체크할 수 있는 좋은 시간입니다.

왜 – 이런 종류의 접촉은 그들의 연결감을 계속 증가시킬 수 있고 여러분의 지속적인 지원을 공유할 수 있습니다. 돌봄 엽서를 보내는 것과 같은 단순한 형태의 손길이 잠재적으로 자살 위험을 줄일 수 있다는 증거가 있습니다. 연구에 따르면, 급성 질환 치료 서비스에서 퇴원한 후 고위험군에 대한 후속 조치가 있을 때 자살로 인한 사망자의 수가 감소하는 것으로 나타났습니다. 또한 연구들은 짧고, 낮은 비용의 개입과 지속적인 접촉이 자살 예방의 중요한 부분이 될 수 있다는 것을 보여줍니다.

자해하는 사람을 돕는 간단한 방법

자해행동을 멈추게 하는 것은 매우 어려울 수 있고, 그렇게 하기 위해서는 긴 시간이 걸립니다. 만약 자해행동을 멈추기를 원한다고 하면, 자해행동을 점진적으로 줄여나가는 방법에 대해 이야기하는 것이 때때로 도움이 될 수 있습니다. 건강 전문가들은 이것을 자해 최소화(자해의 심각성과 빈도를 줄이는 것)라고 합니다. 여기에서 중요한 것은 자해행동을 하는 사람이 감정을 밖으로 내보내는 다른 방법을 찾는 것입니다.

자해하려는 사람을 돕기 위해 당신이 할 수 있는 간단한 방법

- 감정에 대해 질문하기
- 판단하지 않기
- 다른 사람들에게 끼친 영향에 대해 죄책감을 갖지 않도록 하기
- 자해하려는 사람이 여러분이 그들의 이야기를 경청하려는 것과, 그들이 말하고 싶고 말할 때 느끼는 것에 대해 듣기를 원한다는 것을 알게 하기
- 여러분과 의논할 때, 비록 그들을 이해하지 못하거나 받아들이기가 어렵다고 생각할지라도, 여러분은 그 사람이 말하는 것을 인정하고 존중하기
- "만약 자해를 중지하지 않으면 …"과 같은 최후통첩은 하지 않기(이런 말은 도움이 되지 않는다.)
- 자해를 중지하는 것은 시간이 걸리고 어려운 것임을 이해하기. 할 준비가 되어 있고 그렇게 할 수 있을 때만 자해행동을 그만 둘 수 있다는 것을 인식하기

지지자원

아래에 관련기관이나 도움을 받을 수 있는 사람의 리스트를 작성하고 복사를 해서 필요로 하거나 위기가 발생하면 쉽게 접근할 수 있도록 여러 곳에 붙여두십시오.

기관 혹은 개인이름	도움유형	전화번호	주소
자살예방응급전화	응급 시 전화	1393, 1577－0199	
소방청	응급 시 전화	119	
경찰청	응급 시 전화	112	
가까운 병원			

찾아보기

저자소개

에스터 로이텐버그(R. A. Leutenberg)는 수년 동안 정신건강 분야에서 출판사, 작가, 그리고 상실로 고통받는 사람들을 위한 옹호자로 일했다. 그녀는 8년간 정신질환으로 고생하던 아들 미첼이 1986년 자살로 사망했을 때 개인적으로 엄청난 상실을 겪었다. 곧, 다른 사람들을 치유하고 돕는 방법으로 에스터는 그녀의 딸 캐시 케이서(Kathy Khaisa)와 함께 Wellness Replication & Publishing을 공동 설립했고, 치료자들이 그들의 내담자들을 돕는 치료접근들을 개발하기 시작했다.

에스터는 Whole Person Associate와 함께 다음과 같은 여러 가지 워크북과 카드덱(card decks)을 공동집필하였다. *상실에서 오는 슬픔치유, 이별은 힘들다, 건강한 균형 잡힌 삶 만들기, 완전한 간병인 지원가이드, 십대들이 너무 많은 길을 균형 있게 가도록 돕는 생활기술, 동기부여, 퇴역군인–외상후 생존하고 번영하기, 노인들을 위한 최적의 웰빙시리즈, 우리 자신의 영성이해를 통한 어린이들에게 영적인 발전 도모하기.* (전체 목록은 WholePerson.com 참고)

2003년 이후 유방암생존자인 에스터는 다른 생존자들에게 신체와 상실문제를 극복하라고 충고한다. 에스터는 아리조나주 투싼에 있는 SOS의 이사이다.

존 립탁(John J. Liptak)은 수년간 개인과 그룹을 대상으로 직업훈련프로그램, 교정기관, 전문대학, 대학 등 다양한 환경에서 상담서비스를 제공한 경험이 있다. 게다 존은 레드포드대학(Radford University)의 부교수로서 다년간의 교수경험을 가지고 있다. 존은 평가와 관련된 주제에 대한 워크숍을 자주 진행한다. 그는 직업과 관련된 문제에 관한 책을 세 권 썼다. 그의 책들은 워싱턴포스트와 피츠버그 포스트 가제트를 포함한 수많은 신문에 실렸다. 그의 작품은 MSNBC, CNN 라디오 그리고 PAX/ION 텔레비전 시리즈 Success without a College Degree에도 실렸다. 에스터와 캐시와 함께 그는 교사들과 상담자들이 그들의 학생들과 내담자들이 사용할 수 있도록 다음과 같은 세 가지 다른 포괄적인 책을 썼다. *자존감 프로그램, 사회능력프로그램 및 스트레스관리 프로그램.*

에스터와 존은 치료자들이 청소년과 성인 참가자를 돕는 다음과 같은 워크북과 카드덱을 계속 공동집필하고 있다. *대처, 의식, 가족과 함께 일하기, 정신건강과 생활기술, 마음–몸 건강, 10대의 정신건강과 생활기술 등을 통한 정신건강문제의 오명지우기.* 이 모든 것이 Whole Person Associate에 의해 출판되었다. (전체 목록은 WholePerson.com 참고)

역자소개

육성필

고려대학교에서 심리학 석사를 마치고, 서울대학교병원 정신과에서 임상심리학 레지던트과정을 수료한 뒤 고려대학교에서 심리학 박사를 받았다. 미국의 로체스터대학교의 자살예방연구소에서 박사후과정을 하였다. 현재 서울상담심리대학원대학교 위기관리전공 교수로 재직 중이다.

Teen Suicide & Self-Harm Prevention Workbook : A Clinician's Guide to Assist Teen Clients
Original Version ISBN : 9781570253591

청소년 자살과 자해예방 전문가지침서

초판발행 2021년 4월 23일
중판발행 2024년 5월 30일

지은이 에스터 로이텐버그·존 립탁
옮긴이 육성필
펴낸이 노 현

편 집 최은혜
표지디자인 조아라
제 작 고철민·조영환

펴낸곳 ㈜ 피와이메이트
서울특별시 금천구 가산디지털2로 53 한라시그마밸리 210호(가산동)
등록 2014. 2. 12. 제2018-000080호
전 화 02)733-6771
f a x 02)736-4818
e-mail pys@pybook.co.kr
homepage www.pybook.co.kr
ISBN 979-11-6519-097-2 93180

정 가 15,000원

박영스토리는 박영사와 함께하는 브랜드입니다.